あなたはなぜ株で儲けられないのか

市場と株式投資の人間学

山崎和邦

ダイヤモンド社

まえがき

かのケインズである。その主著『雇用・利子・及び貨幣の一般理論』で、経済学は基本的には「人間学《ヒューマン・サイエンス》」だと喝破した。本書の副題を「人間学」と題したのは彼のこの思いと無縁ではない。

ケインズのこの言葉は、彼が新古典派と称した従前の経済学に対する批判の意味を込めたものであるが、彼の壮大な理論体系は株式市場の体験の上に築かれた。彼は自らの株式や為替投資で若い頃に大損もしたが、人生の後半に至って邦貨換算で約六〇億円を株式投資で儲け、母校ケンブリッジ大学の資金を運用して一一倍に増やし、学会・官界・財界で八面六臂の活躍をして人生を華麗に生きかつ楽しみ、それがノーブレス・オブリージエにもかなっていたという男だ。

人の株式投資には人それぞれのいろいろな意味があろう。その体験が近代経済学に「革命」と言われるほどの壮大な理論体系を生み出したケインズのような例もあるし、労使協調し経営再建の端緒となって土光敏夫の伝説として語られた株式投資（自社株買い）もある。また株で大金を儲けてそれを日本の電力会社創設の原資として大事業を成した福沢桃介のような例もある。

だが、端的に言えば、株式投資は自分が儲けなければほとんど意味をなさない。それなのに人はなぜ株式市場で自分のお金を消耗させるのか。資産を目減りさせるのか。かく申す私も例外ではないということもあった。

株式市場で人がやってきたことをずうっとつなぎ合わせてみると、信じようと信じまいとそこに一つの人間像が出来上がる。大変高くつくが、これが自分の人となりを見出す一番確実な方法である。自分自身を知らざれば株式投資は高くつく。ところが、失敗から正しく学習することによって株式市場は宝の山となる。

資金の消耗と資産目減りには必ず通過する原理原則と言ってもよい道筋があるということが、私の四〇年間にわたる実験・観測・体験と研究から明らかである。

私は野村証券で一五年間、多くの投資家や大投機家と付き合って、幾多の失敗例を観測しメモを蓄積してきた。幾人もの反面教師に学んだが、自分もそのなかの一人だったこともある。

その頃の顧客と自分を思い起こすと忸怩たる思いがないでもない。だが野村証券は私の道場であり魂の故郷となった。いま思い起こすとそこには、凄い奴、怪しい奴、尊敬すべき奴、変な奴等々の快人・怪人たちが熱気のなかを肩で風切って闊歩していた。ここから学んだものは多かったが、私が本当に学んだのは市場というジャングルであった。ここを支配するのは論理を司る神ロゴスであると同時に情念を司る神パトスであり、何よりもジャングルのルールである。

その後、野村証券を離れたので自己資金の投機が自由になった。それからの二五年間、自分で実験し体験し多くのメモを溜めてきたし、投機に関する古今東西の本を精読してきた。もともと投機・投資をライフワークにしようとして学生時代にケインズ中心の経済学と景気循環論を選び、経済政策のゼミに入った私であるから、もちろんそこに経済学の基本的な知識や自然科学的手法の基礎（主として確率論や統計力学）などの隣接諸科学の助けを借りることにはなった。こういうものをまとめて現代の投資家諸氏に提供することによって、投資家が株式市場で初期の目的を果たすことの一助になればこれに過ぎる喜びはない。なお、本書に登場・引用した各氏の敬称を省略させていただいた。ご了承をお願いする次第である。

市場で失敗は誰でもする。したことがないと言うならば、その人は市場に本当には参加していなかったか、参加していると錯覚していただけだったのだとさえ言える。その失敗から正しく学ぶか誤って学ぶか、または何も学ばないでいるか、この三つのアクション・コースの選択によって、その後の市場から得るものに天地の開きがある。正しく学ぶならば、人は株式投資の失敗からその成功のための教訓を多く得るはずだ。

そして私は言いたい。教訓は暴落の渦中で学ぶよりも本書から学ぶに如かず、と。

株式市場には、冒してはならない原理原則があるし、自分が経済合理性に基づいて動いていると錯覚する人が必ず陥る道筋がある。基礎的な統計力学を知らないために思わぬ錯覚に陥っているのを全く気づかないことがある。このために破産した人は多数あったろうが、あるヨーロッパ貴族の破産のことが大数学者パスカルとフェルマーの文通に残っている（本文で紹介する）。

また、手仕舞うべきときに手仕舞わなかったために、せっかく儲けていたのに結果的には大損することがある。だから、私は前著『投機学入門』（ダイヤモンド社、二〇〇〇年七月六日刊）でゲーテの言葉を何度も引用して、「いつやめるかを知っている者は天才である」と連呼し、引き際の重要性を繰り返し説いてこの本の最後の結びの言葉としたのだ。

本書では、私が投資家の陥りやすい錯誤を分析して類型的にまとめたものを詳細に読者に紹介したい。そして浅はかな悲観主義や自暴自棄に陥らずに、失敗から正しく学ぶことによって、株式市場から得るべきものを得ようではないかと呼びかけたい。

日本の将来に悲観し、もう株式投資はやめだとか、株で損した人の話をなまじ聞きかじって株式投資なんて結局ダメだなどと断ずる人々に出会うと、私は、彼らの浅学ぶりに同情するよりも、なぜ学ばないのかといらいらしてくる。日本の将来に見切りをつけて悲観して暗い人生を送ることと、国の将来を憂い経済を心配して対応することとは根本的に別である。世界に悲観の資本主義はない。厭世家の投資家はいない。

最後に、本書の出版にご協力いただいた各位にお礼申し上げたい。このテーマで書かないかと勧めてくれて最後まで誠意を尽くしてくれたダイヤモンド社出版局の黒木栄一氏、評論家の三原淳雄氏には大変お世話になった。このスペースを借りて謝意を表したい。また、野村道場での師匠や兄弟弟子、ジャングル大学での教授たち、慶応大学での気賀健三、加藤寛、福岡正夫、田中吟竜の各教授、そして資料や原稿を整理してくれた堤万里子女史、佐藤キミ女史にあらためて深く謝意を表したい。

二〇〇一年一月

山崎　和邦

あなたはなぜ株で儲けられないのか——目次

第6章　大損する人のはまりやすい一〇の罠――147

序章
あなたはどこまでスペキュレートしているか

教訓は暴落の渦中で体験するよりも本書から学ぶに如かず

一八世紀末のアダム・スミス以来、人間は市場で経済合理性に基づいて行動するという過程をとってきた。ために私たちは、ともすると自分は本当に経済合理性に従って株式投資をしていると暗黙のうちに錯覚する。これが損のもとになるのだ。

私は大学で景気循環論の当時最先端だった理論に魅せられて、その現実適用性を検証するというアンビシャスな夢を持って野村証券に入社、本店営業部その他で営業一筋でやってきて若くして支店長になり、幾多の投資家と付き合ってきた。だが私が真に学んだ大学は市場というジャングルだった。そのジャングル大学には、身ゼニを切って反面教師の範となり、私に教えを垂れてくれた何人もの教授がいた。大投機家と呼ぶにふさわしい尊敬すべき人物も少数いたが、ここでは、失敗の原因を身をもって教えてくれたありがたい教授たちの、私が「市場の垂訓」と称するもののなかのいくつかを紹介しよう。

第一の教授の教えはこうだ。人は株式市場で人間の性《さが》とも言える共通の弱点を持っていて、常識家ほどその誤りを犯す、というものだ。それを幾つかのパターンに分析して第1章で述べようと思う。

第二の教授の教えは、一見妖しい雰囲気があって興味深い。人は日常耳にしない別世界の話に魅せられる、というものだ。例えばバブルの頃に、身近なゴルフ場の会員権よりも見知らぬ異国

（グアム島など）の会員権が飛ぶように売れたことがあった。あるいは未だ見ぬ北海道の温泉付き別荘地などを、およそ温泉になど行ったこともない人が飛びついて買った。日常の地域から脱したはるか彼方のものは、山のあなたの空遠く幸い住むように見えるのだ。こういう類の多くを『金融イソップ物語』（ジョン・トレイン著、坐古義之訳、日本経済新聞社）は、「遠山晴峰型」と命名して、財務上の失敗例として挙げている。この本はバブルの七合目頃の、一九八八年に出た警告書であった。人は非日常性の話に魅せられるのだ。投資家が非日常の話題に引き込まれる大失敗の話でしばしば登場する実例を第2章で紹介する。

第三の教授の教えは、投資家は一度失敗すると次には全く逆の考えをとり、そして一回目とは正反対の失敗を犯すというものである。例えばどんな銘柄でも、押し目買いのタイミングが早すぎれば安値をつけに行くプロセスで買ってしまうことになるから、その失敗をした人は次には大底をつけてもまだ買えないで、かなり上がってきてから慌てて買うことになる。それだけならよいが次にこうなる。

「少し高いところを買ったのだから、利食いも少し待って、絶妙のタイミングを計ろう」などと考えて結局売り損ね、せっかく五～六割は利が乗ったのに、それを逃がして買い値を割り込んでしまうのである。立花隆はその著『ぼくはこんな本を読んできた』（文芸春秋社）で、人の精神・人格というものはその人の過去の記憶の総体によってつくられているという意味のことを言っている。これが私だというものは、過去の記憶の総体、経験の総体であると。

だから私は言うのだ。人は一度失敗すると次には全く別の行動に出て、一度目とは正反対の誤りを犯すと。すなわち、いま挙げた例で言えば、「早すぎるタイミングの失敗」はそれ自体はたいした失敗ではないのに、それと正反対の「遅すぎるタイミングの失敗」を自ら重ねてしまうのである。

信用取引を用いる場合は、これが災いして運悪ければ追加保証金（追い証）にまで至るということが、二〇〇〇年二月のソフトバンクや光通信のケースでは多く生じたようだ。そこで私は言う。タイミングのミスを二重・三重にしたことから生ずる大損の教訓は、「追い証に迫られる暴落の渦中で体験するよりも本書から学ぶに如かず」と。

第四の教授の教えはこうだ。投資家が少し経験を積んで成功と失敗を重ねてくると、いろいろな投資の話も聞き、読み、一応の「教養」もついて、ひとくさり自説を語りたくなるものだ。そういうお前もそうではないかと私のことを言われそうだが、一つ違うところは、そうした自分を第三者の眼で見ることができるようにまでなったかどうかということであろう。ともかく投資家は一家言を持つに至る。そうするとどういう誤りを犯すか。この段階にくると、人は二つの誤りを犯す。一つは自説にとらわれて「首尾一貫した人」になりたがること。「首尾一貫派」は途中での方向転換ができず、自説にこだわって撤収ができないで大損することが多い。これについては章をあらためて詳述する。

その二つ目は第五の教授から学んだ、「目的の混合」と私が名づける誤りである。投資は利益追求一筋でなければならない。それを「株式市場を見て将来を考えるために投資しているのだ。ただ儲ければそれでいいというものではない」などと見識ありげなことを言ったり、「自分の経済観を市場で試すために株を買ってみる」「その企業の本当の価値を見たくて株主になってみた」などと、いかにも「見識ありげな」ことをのたまわるようになる人が多い。そういう人に対して私は言いたい。それ自体は結構なことであるが、あなたは儲けるために株を買ったのではないのかと。

なるほど株を持つということにはいろいろな目的があろう。その企業と関係を持つために株主になるというケースもあろう。結構なことだ。いけないというわけではない。私が言うのは、自分の本当の目的とするものを明確に単純化しておけということだ。目的が混同するとろくなことはない。「一行動一目的」が望ましいとさえ言っておきたい。目的を混在させたり、恰好つけて偽ったりするために、本当は比較的単純に達せられるはずだった真の目的が、多目的のなかに霞か雲か薄くなってしまって、結果として損をする。

次いで、第六の教授はこう教えてくれた。あなたは「首尾一貫した見識のある人だと言われたい」のか、それとも「儲けを手にして黙ってカジノを去りたい」のかどっちなのかと。市場というカジノで、あいつはいい奴だと皆に言われて何も手にせず引き揚げるよりも、あいつのやり方には可愛げがない、面白味のない奴よと皆に言われて自分の取り分の札束を懐にしてサッサと賭場を去って行く。私ならそうありたい。

第三から第六の教授が教えるところをまとめればこうなる。「人が株式市場で失敗する原因は、本人の心理面にあることが多い」。この実例を幾つも挙げて紹介しようと思う。

第七の教授の教えはこうだ。「人は株式市場で自分では合理的に動いているつもりでも全く勘違いしていることが多いし、確率論的に見て不合理なことをしたり、論理的に合わないことばかりしたがる」。そこで、合理性の最先端であるところの数理を少々使って、これを明確にしたいと思う。また、合理的考え方の一方の最先端は論理である。ゆえに、第4章では多少の初歩的数学の公式と論理学の初歩を使わしてもらうことになる。

さて、第八の教授の教えは重要であった。反面教師としては最も重い教訓を垂れてくれた。しかもこの科目の教授は社内にも多かったし、何よりも私自身がその教授陣の有力な一員であったことを告白しておかねばならない。

株式市場で高値高値と追い打ちをかけて買い進み、その結果として大いに儲けたとなるとこんな楽しいことはない。押し目買いで儲けたという比ではない。押し目買いは市場の趨勢の逆を張るので「逆張り」と言い、ウォール街で言うコントラリアンだ。これに対して高値を買って進むのは市場の動きとともに行くので「順張り」と言う。ウォール街にもトレンド・イズ・フレンドという諺があり、趨勢とともに行くのだから心強い。この場合、「高値を買う自分もバカだがもっと高値を買うバカが市場には必ずいて、その者たちは自分より高値を、自分より大量に買ってくれる」という想定があるはずだ。そうでなければ自分の買った株が、「買ったあとで」うんと上がるということはないからだ。

自分のその想定が当たっていればどんな高値を買ってもよいということになる。この場合、「バカも上には上がある」という信念が儲けを生むのだ。傲慢さが生み出す利益である。傲慢ということも人並み以上に強烈ならば、一時的には巨大な利益を生み出すことも少なくない。これも一種の芸のうちだと言っておこう。しかも、傲慢の毒に侵されると、初期のうちは人は大変快いものだ。ところが、この毒は、本人の自覚症状のないままに進行し、その結果の天罰として大損という授業料を払わされて初めて目覚めるのはよいほうで、何回も同じ失敗をしてからやっと目覚めるのである。

私は野村証券で一五年間ほどいろいろな投機家と付き合ってきた。傲慢のゆえの大儲けをした人は少なくはないが、彼らはいずれ必ず自ら大損を招いた。しかも証券会社の社員にこの型は多くいた。とくにヤリ手と言われた連中に多い。

そこで私はこう日誌に書き残した。「天は滅ぼそうと欲する者にまず傲慢さを与える。さすればその者は、傲慢の毒に当たって自ら滅びる」と。人が株式市場でやってきたことをずうっとつなぎ合わせてみると、信じようと信じまいと、そこに一つの人間像が出来上がる。それが自分なのだ。

投資家が真に必要とするもの

兜町に「底値百日、天井三日」という言葉がある。株価は時間の経過とともに少しずつ上がっていくのではない。上がらないときは一〇〇日も買値の近辺でうろうろしているだけで、よいニュースが出ても反応しない。自分の買った株以外はどんどん上がる。そこでたまらず売って乗り換える。これを兜町の古い言葉で悋気《りんき》売りと言う。

そうすると次の日から、それを待っていたかのように昨日までの自分の株が暴騰し始める。一年以上持続して少しも上がらなかったのに、売ったとたんに数日で倍近くに上がった、こういうことは株式投資をした人なら誰も体験ずみであろう。体験ずみでなかったら、あなたはいずれ近日中に体験するであろう。それならば、株を売らないで持続していれば暴騰のチャンスを逃がさないではないか、ゆえに、二倍近くになる日がくるまで売らない、と腹を決めると、今度はその決意の日からまた一年は少しも上がらないか、またはかえって下がるものだ。

少し大げさな言い方をすれば、「およそ株価というものは、自分の思ったことと反対に動く」と考えてたいていの場合はよいのだとさえ言える。では考えなければよいではないかということになる。これも一理ある。だが、これは投資の悩みからの逃避であって、逃避者は市場では報われない。そこで、江戸時代の米相場以来の秘伝がある。「野も山も、人も我も弱気なら、たわけになりて米を買うべし」と。これは江戸時代、山形県酒田の大投機家で資産家の本間宗久という哲人が残した「本間宗久秘録」にも、米相場で資産を残した江戸時代の大投機家・牛田権三郎が残した「三猿金泉秘録《さんえんきんせん》」にもある有名な言葉である。

「野も山も」すなわち経済・社会現象すべての森羅万象が弱気で下げ指向のとき、「人も我も」すなわち投資家の人々もエコノミストの意見もシンクタンクの意見もみんな弱気で、かつ「我」も弱気で下げ見通しだというとき、こんなとき買いに出るのは「たわけ」か発狂したかと思われるだろうが、こんなときこそ思い切って買って出るべし、というのである。

「人の行く裏に道あり花の山」というのと同じ類だが、真意はだいぶ違う。ここに「我も」と入るところがある。「我が思い入れ弱かるべきとき買いに入るべし」と口伝が付いている。自分は下降見通しだというときにあえて買えというのだから、変な言い回しと思われるであろう。ところが、ここに自己超越の哲学がある。おそらく買ったあと直ちに後悔と恐怖に見舞われるであろう。俺はなんとバカなことをしてしまったのだろうと惨めになって歯ぎしりする夜もあろう。後悔に涙する夜もあるだろう。明朝に思い切って投げてしまおうかと悩む夜もあるだろう。ここにこそ投機（スペキュレーション）の語源である哲学的思索、熟考、懐疑などの本来の意味がある。

燈火に残心を噛む夜も幾夜、人知れず悩んだ夜も幾夜あったかもしらない。このスペキュレートの報酬として儲けがあるのだ。儲けるべき精神的資格があるのである。だから私は言うのだ。投機で儲けた金は「あぶく銭」ではなく、働いて得た金と同じなのだと。金は金である。金に交換価値の差があるわけではない。だが私はそれ以上に、投機の儲けはこれ立派な労働の報酬なのだと言いたい。

ウォール街では言う。「投資の儲けは恐怖に対する報酬なのだ」と。これは少し大げさな表現であろう。だが、こういうことは十分にあり得ることなのだということを承知しておきたい。

スペキュレーションという言葉の語源にはもともと哲学的思索・熟考・探求・視察・懐疑・迷いなどの意味があるのだ。三十数年前によく読まれたラルフ・マーチン著『ウォール街の魔術師』（山下竹二訳、日本経済新聞社）に述べられている伝説の大投機家ゼラルド・ローブは言う。「よい投資であってもよい投機でないことは決してやるべきではない」と。

前掲書によると、彼はまた、健全なスペキュレーションはインカム投資よりも安全であると常時言っていたという。

母校ケンブリッジ大学の資金を株式で運用して一一倍に増やしたケインズは自分でも大恐慌後の長期低迷相場のなかで邦貨換算六〇億円ほどを儲けたが、彼は主著『雇用・利子及び貨幣の一般理論』の第12章で「すべての生産活動は投機《スペキュレーション》である」と述べ、「スペキュレーションとは市場心理の予測である」と言っている。

そこで私は言いたい。人は株式市場でスペキュレートの姿勢がなければ株で儲けることなどできませんよと。本書ではそれを、心理面・数理面・論理面から考え、投資家が市場で陥りやすい罠をいろいろと例を挙げて解説したい。

一般に、人が失敗するプロセスには、情報を感知し知覚する「入力」と、それを「判断・意思決定」することと、その意思を遂行する「出力」の三つのうちのどれかに狂いが生ずるものである。株式投資は「出力」は簡潔で簡単である。売りか買いかを指示すれば足る。何も指示しないときは必然的に「見送り」か「持続」かになる。きわめて簡潔だ。したがって株式市場における失敗は「入力」と「判断・意思決定」にあるということになる。

産業心理学の専門家である芳賀繁が『失敗のメカニズム』（日本出版サービス）という本を著し、自動車の運転などの身近な例で失敗のメカニズムを論じた。そこに事故を起こしやすい人の行動特性を挙げているが、私も、株式市場で必ず失敗する人のタイプを、長年にわたる幾多の観察事例から一〇種類の型に分類して解説する。

株式市場での大きな失敗を未然に防ぐか、またはもし発生しつつあっても小さく押さえ込むために、自分の犯した小さな失敗や人さまの失敗からできるだけ多くのことを学ぶというのが賢い投資家になる方法であろう。

第1章

投資家もまた人なり

——人は経済合理性のみで動くにあらず

人は「一貫性」に弱い
――投資行動に見られる人間の性《さが》――

霊長類ヒト科《ホモ・サピエンス》は必ずしも経済人間《ホモ・エコノミクス》ではない。二〇〇年余も前に、スコットランドの倫理学の教授だったアダム・スミスは、人は私的利益を追求する経済合理性だけで行動するものだという仮定のもとに考えを進めていって自由市場経済の原理を述べた。これが『国富論』として知られる経済学の古典中の古典である。

株式市場はもちろん、当時もあった。アダム・スミスは理論を構築するための仮説としてホモ・エコノミクスを想定したのだが、ところが現実には、人はスミスの仮説と異なり、経済合理性だけで動くものではないということがわかっている。そこには、意地を通すとか、情念とか、恐怖心とか射幸心などの非合理な面が強く出ることがある。また、自分は経済合理性で動いているつもりなのだが、実は錯覚していた、恐怖心で株を売ってしまった、射幸心で動いた、都合のよいようなデータだけを見ていた、などというように、霊長類ヒト科は市場で必ず誤りを犯す。これが株式市場の場合は、はっきりと「損」という形で報われるから最も反省しやすい市場と言えよう。人はこの市場で賢くなることができる。

ところが妙なことに、この市場で幾重にも誤った人でも全く偶然が作用して、その誤りが相殺されて儲けとなって現われる場合がある。よく「裏の裏は表になる」などというのはこれである。

だからこの、本来、知能の最も高いはずの霊長類ヒト科の動物は、なかなか自分のミスった過去に気づかずに時を過ごす。そしていつまでも損を繰り返す。人が株式市場でやってきたことをずうっとつなぎ合わせてみると、信じようと信じまいとそこに一つの人間像が出来上がる。こういうヒト科は市場では正確に分類されて、霊長類ヒト科バカ亜科に属するとされる。

さて、人は市場で経済合理性だけでは動かない。経済合理性よりももっと優先させるべき個人の価値観があって、本人が自覚したうえであえてそれを採る場合は別である。本書ではそういうケースは取り上げない。人の誤信、ミス、勘違い、非合理性、非論理性などから生じる、市場上の損を招く原因を分析する。そして、本書を一読されて自分の行なってきたこととその結果とを較べて、今後の市場行動の参考としていただくことができればこれに過ぎる喜びはない。

知識階級を自認する人もそうでない人も、ほとんどの人は自分の価値観や信念や態度を首尾一貫したものにしたいという欲求を無意識のうちに持っている。そして他人にもそう見られたい、そう思われたいという欲求がある。本人が自覚していようがいまいが、これには確かな理由がある。一つは、一貫性を保持することで複雑な日常の出来事や市場行動に関していちいち迷い悩まず、既定方針通りに進行させることができるという現実的簡略法の利便性である。

二つ目には、一貫性を堅持するほうが社会的に人を安心させ、好ましい印象を与えるということを誰でも知っているからである。あいつは頑固な奴だと言うときは、実は首尾一貫した男だという意味を込めた褒め言葉である場合が多い。あいつは融通の利かない奴だと言うときも、軽薄な要領屋として遊泳術にたけた人と比較して愛すべき素朴さがあるという意味になることが多い。本当に頑固で融通の利かない愚か者に対しては「頑迷」という言葉で区別される。

一刻者とか一徹者などいうのはむしろ褒め言葉である。昔、文部省選定の小学校唱歌に「村のかじ屋」という歌があったが、そこに「あるじは名高い一刻者よ」という歌詞があった。首尾一貫して頑固な、日本刀を鍛える初老のたくましい男の姿をイメージする褒め言葉である（ちなみに付言すると、この歌詞は終戦と同時に、「一刻者」を「働き者」に、「打ち出す刃物に魂込もる」を「打ち出す鋤くわ心込もる」に訂正された）。「老いの一徹」などというのも同様で、ヘミングウェイの『老人と海』の主人公のような、戦い抜く英雄の末裔というイメージさえ受ける場合もある。そういう意味で、一貫するということは好ましい印象であることを人は無意識のうちに知っている。

三つ目には、一貫性のある人は信用のおける人であると思われることを、本人は知っているからである。一貫性のある人こそ論理的で、安定していて、合理的で誠実な人だと思われている。一貫していないということは、普通は望ましくない性格だと思われる。融通無礙《げ》な人はいつ裏切るかわからない。

このように、一般的には、一貫性を持つということはよいこととされているが、株式市場ではよい場合と悪い場合がある。思想家ラルフ・ワルド・エマーソンは「一貫性は、つまらない政治家や哲学者や聖職者が崇める、偏狭な心に住む小鬼である」という有名な言葉を残している。人の本当の相場観や価値観は、その人の見通しを語る言葉からではなく、その人の行動からわかる。よく言うところの〝What he says〟ではなくて、〝What he does〟をよく見よという、これである。強気見通しを言って大勢の投資家や為政者に好意を持たれていても彼が市場行動として株を買っていなければ、それは「一貫性がない」ということになる。そうすると少なくとも一貫性を保持することの対外的なメリットを知っている彼は、自分は株を買わねばならない、という考えに拘束されるであろう。これを私は「一貫性プレッシャー」と言っているが、この一貫性プレッシャーは、人が株式市場で客観的にみて愚かな行動をするときの主因となることが決して少なくない。

一貫性を保持することで考え悩むことを避けて通れる。しかも意思強固な自分をイメージしているから決して不快でない、ということを人は無意識のうちに心に刻んでいる。こういう私自身も愛社精神を自ら確認しようなどというバカな考えを堅持し、減収減益で社運も衰退することを百も読み切っているのに自社株が下がる都度、何十回も買い続けた。純粋に市場行動として眺めたらきわめてバカなことである。だがそれよりも重大な人生観とか価値観がある場合が確かにある。そういう場合は本書では扱わない。

さて、そのように、一貫性を保つことはこのうえなく便利で、このうえなく対外的メリットがあるが、これが市場行動となると必ずしもそのようにはならない。だいたい株は、自分の持ち主が一貫性のある誠実な人かどうかを知らない。市場のロゴス（論理の神）とパトス（情念の神）によって持ち主の一貫性と無関係に動く。では一貫性を捨てて終始融通無礙で変幻自在なのがよいかというと、これも必ずしもよいとは言えないのだ。市場の動きに対して一喜一憂し、自分の方針がなくマーケットに振り回されてしまう。買えば下がり、売れば上がる。それを反省して反対の行動に出れば市場はまた彼の反対を動く、ということになるのがオチだ。

先に「一貫性は偏狭な心に住む小鬼である」というエマーソンの言葉を紹介した。さりとて一貫性をすべて悪いものとして、流動的に「水に象《かたど》る」のが『孫子』の言う戦いの極意だ、などと恰好つけていると市場に流されて、場味《ばあじ》・気味《きあじ》という株式市場内の醸し出す雰囲気だけに振り回され、強気弱気の変転果てしなく、自分が何をやっているのかわからなくなってしまう。

このゆえに大証券、とくに野村証券では、シナリオ営業という陰語があった。世の中の動向、政治・経済の動向に一貫したシナリオをつくり、そのシナリオによると、この業種はこうなる、この銘柄がこうなる、という大量推奨売買の営業手法だ。「思想を持った営業」などと少し古い人々は言った。同じことだ。要は一貫性を全営業マンに持たせて考え迷うことをやめさせ、ひたすらに強力な行動力のみを持たせようという強者の営業手法である。

このやりかたは、一九六〇年代では「思想を持った営業」と称して野村証券の全店に普及したが、当時これを「株は現世的なものだ。思想という上部構造（注・マルクス経済用語）とは無縁だ。恰好つけるではない」と喝破した専務がいた。

この専務は海外畑が多く、ある種の合理的な考えを身につけたアメリカインディアンのような風貌の男であったが、それだけに限界もあった。だが、「思想のある営業」と称する一貫性を否定した点はさすがであると、当時から一貫性の害に苦しんでいた私は思ったものだ。対外的には一貫性を保持していても、「市場内では一貫性は毒になることも多い」ということを自覚することだ。そして、一貫性の利便性は十分に利用してもよいが、市場においては「一貫性に固執すると札束を失うぞ」とときどき自分に言い聞かせることだ。そこで私が提案する方策はこうだ。
①まず一貫性を保持することの便利さ、その対外的メリットに自分はいい気になってはいないかと、自問自答を常にしてみる。
②同時に、一貫性に固執することの危険を実例で思い出して考えてみる。万年弱気なら下げ相場のときは「当たった」ことになり、現に某都市銀行の研究所長は二〇年前から万年弱気であったため円安を常に当てたし、株式暴落も常に当ててはいた。こういうのを兜町では「止まっている時計でも日に二度は正刻を指す」と言ってきた。これを思い起こすことだ。
③自分の見通しを紙に書いておく。銘柄の目標値も紙に書いておく。これがこう誤ったらこう見切る、こうなったらここでナンピンする、こうなったら初めから前提が崩れたのだから投げる、などというように。後日、現実の市場の動きに照らしてみると、なんとバカなことを考えていたかと思うことが多いのは私ばかりではあるまい。たいていの場合、こう書き記しておいたことは自分の一貫性のプレッシャーに犯された結果のものばかりであることが後日になってわかってくる。

このようにして、苦い気持ちを噛みしめて、ようやく一貫性の罠から免れることが辛うじてできるのだ。苦みを噛みしめず、ただ甘い気持ちで楽しく儲けることができるというほど株式市場は甘いところではない。ゲームは遊園地で行なわれているのではない。市場というジャングルで行なわれているのだ。そこに甘さはあることはあるが、甘いというのは「奴はまだ若僧だ、甘い」などと言うように初歩的な味だ。

玉露茶を入れると最初の一杯目は甘い。初歩の味だ。二杯目は渋い。彼にもようやく渋みが出てきたと言うときは、一人前に近いよい境地に入ったことを認めることとなる。三杯目はタンニンの苦みを味わう。「苦み走った奴」などと言うときはすでに相手を一人前と認め、「ここに吉田兼好法師の苦みがある」などと小林秀雄が評論するときは、かなり尊敬の味わいがある。苦みを味わってこそ、市場で一人前なのだ。良薬は口に苦しとも言う。自己の保持する一貫性の苦みを一人で味わう。これが株式に限らずマーケットでビジネスをする者の心構えであって、苦みを味わってこそ、ようやく市場で一人前と言うことができよう。甘みだけとって札束を減らすか、苦みを味わって投資に成功するか、さて読者諸賢はどうする。

④一九八九年の一一月、日経平均株価が史上最高値をつける一カ月前、立教大学の斉藤精一郎と東京工大の今野浩の両教授が『大学教授の株ゲーム』(新潮社)という本を出したが、そのなかで次のように述べているのは、私の主張と軌を一にするものだ。

「株ゲームに安直に勝つ方法はない。否それだけでなく、株ゲームには大変な労力と知力、さらに忍耐と決断が不可欠である。にもかかわらず、最近では株式投資とは簡単で手っ取り早く儲けるのに最適の方法だとの風評が世間に広範に流されているが、これはやや問題だ」。

後で詳しく述べるが、こういうことを謙虚に自覚しておくことが第一歩であろう。彼らがこの本を著してから二カ月後に大正九年以来七〇年ぶりの大暴落が始まったのだが、日本中が大バブルのなかで精神に変調をきたすほどの陶酔的熱病に冒されていた八九年一一月にこう言っていたのは、私を含めてもごく少数の人だけだった。

世の中全体が陶酔的熱病の最中で自分だけが醒めているということはなかなか難しいことだ。それこそがスペキュレーションの本来の語源であろう。

人は「バッファロー現象」に弱い
――これこそ投資家の大損のもと――

人々につられて自分もついて行く。まともな人々が皆そうやっているので自分もそうやるのが正しいのだと無意識に思い込んでいる。そして、自分に類似した人がそれをやれば自分もそれをやるのが正しいのだとますます思い込む。こういう状態を「バッファロー現象」と呼ぼう。

北アメリカのインディアンの部族に、西部劇に出てくるクロウ族、ブラックフット族、クリー族などというのがあるが、彼らが食肉用よりもむしろ皮革用に大量のバッファローを捕獲するときにどういう手を用いるかというと、一群のバッファローを崖に向かって走らせるのだ。そうするとバッファローは、疾走するときは頭を低く下げているので前方の遠くを見ることができないし、バッファローの目は前方よりも側面を見やすい位置についているので周りの仲間が一定方向に走ると自分もそれと同じ行動をする。その結果、驚くほど大量の個体群が崖にまっさかさまに自ら落ちて行く。クロウ族などのインディアンは労せずして一挙に大量のバッファローを捕獲し、ふんだんに皮革をとり保存食をつくった。これこそ、私がバッファロー現象と呼ぶ市場の原理の一つである。

一番いい例がストップ高、ストップ安という現象である。なるほどストップ高するような背景があって翌日も高く、ついに株価は大きく居所を変えてしまうような場合もたまにはあるが、たいていのケースは、一夜明ければ熱は醒めて静かになってしまう。そのくらいなら先を争って買うこともなかったのに、となる。買いが買いを呼ぶバッファロー現象なのだ。前が見えず横ばかりが見える。牛の眼は横についている。

人は不確かな状況にいると（市場は常に不確かな状況だ）、自分と似た人の行動を自分の指針とする。ファンドマネジャーがいっせいにIT株を買ったり、またいっせいにIT株を売ったりするのもまさしくそれである。しかもいっそう悪いことに、コンピュータ売買は他のファンドと格差がつかないように、例えば二〇％下げれば投げるというような「ロスカット」と言われる指示が自動的になされるので、ますます「牛の眼は横についている」ことになる。

自らに類似した人に無条件に従う。バッファローと変わるところはない。心理学者が言ったウエルテル効果というものもある。二〇〇年ほど前にドイツの文豪ゲーテが『若きウエルテルの悩み』を著したとき、世界各国でウエルテルをまねて自殺者が続出した。実はこの小説は、成蹊大学の竹内靖雄教授の著書『世界名作の経済倫理学』（PHP研究所）によれば、分別ある年頃の男が人妻に対して行なった「愛の告白」という「愚行」によって生ずる「男の失恋自殺なるゲーテの発明品」とにべもなく分析するが、ともかく各国に自殺が流行した。そのため幾つかの国がこの小説を発刊禁止にしたというのも事実だ。ちょうどわが国の一九九九年から二〇〇〇年にかけて「一七歳」報道が多く出た。こういう記事を読むと、それに触発されてバッファロー現象が起こるのだというのは、これも一つの見識であろう。ひょっとすると優れた洞察なのかもしれない。

このウエルテル効果や一七歳効果と同じく、暴落の海に次々と自ら飛び込むのが「流行」する。追加保証金に追われているわけでもなく、資金繰りに困窮しているわけでもない友人たちが、まるで自殺をするように、日経平均一万三〇〇〇円割れの「大底」で次々と自分の株を投げていた。こういうのをバッファロー現象と言わずして何であろうか。自分にとって何が正しい行動かを判断する前に、多数の人がやっていることが正しいと社会的に証明されているかのような錯覚を持ち、とくに、自分と近い友人や自分と類似した人がやることは正しいと思い込む傾向がある。このことだけは自覚しておきたい。市場で昔から言われる「人の行く裏に道あり花の山」という言葉は、バッファロー現象を戒めたものだ。

一九三〇年代の世界恐慌の頃、一ドル以下の株を機械的にすべて買って持続し、株価ゼロになった銘柄もあったが、五倍、一〇倍になった銘柄が多く、一挙に大投機家として成功し、優雅に老後を送ったテンプルトンという人の言葉とされているものに「上昇相場は万人悲嘆のなかに芽生え、万人の疑惑のなかに弱気を食って育ち、万人幸福のなかで崩壊する」というのがある。また、三〇年以上前に一世を風靡したアメリカのチャーチストであるグランヴィル師（教祖的に当時〝師〟をつけて呼ばれた）の言葉に「大衆は常に（相場に）裏切られる」という名文句がある。

これらはすべてバッファロー現象に対する忠告である。これを防ぐ手は割合に簡単である。前掲の三つの名言だけで十分だ。俺は花の山を雑踏のなかで花見するのか、俺はバッファローか、俺は常に（相場に）裏切られる大衆の一人か、と自問自答していれば、それで十分である。そうすることによって、第3章で述べるように、一九八七年一〇月のいわゆるブラックマンデー（わが国では火曜日の暴落）を未然に防ぐことができるのだ。

稀少性と権威にはとくに弱い
――常識家ほどそうなる――

人は苦労して手に入れたものには愛着を感じる。ある情報やデータを入手するのに手間がかかればかかるほど、それをありがたがる。つまらないデータでも大切にし、金科玉条とするものだ。少ないものに価値があるというのは経済社会において事実であり、例えば、発行株数が少ない会社の株価は相対的に高い。これと同じく、入手するのに手間がかかるものには無意識に価値を感ずるものだ。数量に制限があったり時間に制限があると、なおさらである。

この心理を意図的に利用して販売量の増大を図ろうとするのが、よくチラシ広告で見る「限定〇〇」という方法であり、時間の稀少性を訴えるのが「先着××名様」あるいは「締切り迫る」という類である。株式市場でも全く同じであり、買い注文が殺到して売り買いが合わず、買い気配のまま値幅制限いっぱいまで行ってしまうというのは、買い気配ストップ高という現象であり、これは「人は買えないとなると余計に買いたくなるという稀少性現象」と、先ほど述べた「バッファロー現象」以外の何ものでもない。しかも明日になればまたストップ高から始まり、なおさら高くなるし、場合によっては買えなくなる、と思うと「今日のうちに」と自ら時間制限して時間の稀少価値に自らを追い込むことになる。

こう述べてくると、ストップ高、ストップ安というのは判断の常軌を逸した異常現象であるかのように感じられるかもしれないが、私はまさにそのとおりだと考えている。自分が買った株がストップ高になるのは結構なことだが、そのときにはすでに異常現象が身近に生じたと意識しておいたほうがよかろう。ただ株が上がったと言って手放しで喜んでいてよいものでもあるまい。

また、禁じられたものは余計に欲しくなるという心理があることも事実で、その結果、それが余計に価値あるものに見えてくるであろう。銘柄によって信用買いが規制されたりすると余計に買いたくなることがある（たいていは規制という管理者の発想は事実のあとの意思決定であるから、規制発動の時点ではすでに規制すべき事実は終わっていることのほうが多いが）。

このことから起こる損を防ぐのは割合に簡単だ。「そんなに人が欲しがっているなら俺は遠慮しとこう」という、「いい恰好しい」を自ら楽しんでみることだ。私の畏友に野村証券のチャーチストがいて、彼はそれを「慈悲の心」などと大げさに言っていたが、それほどたいしたことではない。人が先を争って欲しがるなら俺はあとでいいよ、という程度の心の余裕を楽しんでみることだ。

人はまた社会的権威のある者の見通しや意見を教祖の予言のように聞くことがある。これは、その「権威ある人」が権威とともに権力を持っていて、政策に影響を及ぼすゆえにその権威者兼権力者の言うことを重視するというのとは異なる。この場合は、権力は一つのパワーであり、このパワーは市場を動かすパワーになることがあるので、権力の力学を客観的に物理学としての作用と考えることであるから、合理的思考法の範囲であり、時にはきわめて重要なことだ。

権威と権力とは同一人が持っている場合もあり、それぞれに異なる場合もある。いまここで言いたいのは、その区別である。権力には絶対的に従おうと言っているのではない。権力には物理学上の一つの作用力があるから、市場に対するその作用を考えることはきわめて大切だというのである。ところが権威はこれと異なる。権威者が権力者を兼ねる場合は別だが、ただ権威だけならばそれは作用力とはならない場合もあるし、なる場合もある。これを意識しておこうということだ。

社会的に権威のある者が言ったことだからとて当たるとは限らない。権威者の見通しに対しわけもわからず信じ込むのは短絡的な意思決定の典型であり、それは思考停止状態以外の何ものでもない。市場は、思考停止状態に陥った人に儲けを与えるほど慈善的なところではない。

第2章

人は非日常性に酔う

いまだ踊る「M資金」の影
——詳細部分のリアリティが全体の虚構を支える——

M資金の話は、詐話師《さわし》の構成する話の一部分に歴史的事実があるゆえにか、最近でも一部上場企業の某自動車メーカーの役員やある化学品メーカーの社長、その少し前には某航空会社の社長などがひっかかった。これらは刑法上の詐欺罪のなかの立件である。これを仕手株操縦のために特定の大手投資家に「セールストーク」として用いれば詐欺の世界だが、ためにする仕手株の風説として流せば、「風説の流布」として証券取引法に抵触することになる。

さて、ほとんどの国はGDPの二〇～三〇％のお金が地下経済に潜んでいるという。最も少ないと言われている日本でも一三～一四％ぐらいあるだろうと言われている。よって七〇兆円ぐらいにはなるだろうか。これが通説となっているようだ。そこで「事実は小説よりも奇なり」と称して、小説より奇怪な作り話を「事実として」話す輩がいる。これで儲けをたくらむ場合はこれを詐欺師と言うが、私は、実は詐欺師についての研究はかなり詳しいと自認している。私の友人に詐欺師についてのルポルタージュをメシの種にしているライターがいるし、私の知人に詐欺を働く男がいるからでもある。そんな男と付き合うと自分の品性が疑われると言う人もいるが、この世で勉強にならぬものは何一つないというのが私の言い分だから、その人との付き合いが続いている。こちらが用心さえしていれば自分に害はなく、むしろ面白い話が聞けるので、詐欺師たちはなまじの偽善者よりもずっと付き合いやすい。

彼らは、細かな事実については正確な描写を積み上げる。それはむしろ、他の一般の人々よりも正確である。例えばレストランの名称や、駅からそこまでの距離や、株価の上下の事実についての数字などは実に正確であり、食事をしてもナイフやフォークの扱い方もワインの飲み方も実に正確に作法にかない、端然としている。私に言わせれば「詳細部分のリアリティが全体の虚構を支える」のだ。

例えばある人の話がむやみに冗長で内容がないということを相手に信じ込ませようとするとき、こう言う。「調べてみるとモーゼの十戒は二九七語で書かれていたし、ワシントンのリンカーン・メモリアルに行ったとき、かのゲチスバーグ・スピーチの全部が彫刻してあったので数えてみたら二六六語だった。アメリカの独立宣言は三〇〇語だし、般若心経は二六二文字だ。ところがあいつのスピーチ原稿はなんと二万語以上もある」と言うのである。「あいつのスピーチ」にかかる前の事例の列挙が正確だから、人は「あいつのスピーチ」がむやみと冗長なのは事実だと思い込む。

実際にはわずか二〇〇語を一分間でしゃべるにすぎなかったものが、この詐欺師にかかると、真実二万語を何時間もしゃべりまくる男の像が人の頭の中に出来てしまうのだ。ディテールのリアリティが全体の大嘘を支えると言ったが、彼らは決して細かい嘘をつかない。日常のすべてのことは事実のみを言う。大げさな誇張もない。むしろ私などのほうが、いいかげんな話をしたり大げさな表現をすることがある。彼らはそれを決してしない。だから「大目的」を持った大フィクションにコロリと人は参るのである。
「M資金」詐欺師というのを耳にされたことはあろう。しかしどういう詐話術を用いるのかは割合に知られていない。これを少し紹介しよう。たいていは、そのM資金なる話でカモから金を詐欺るのだが、株式市場に出てくるのは、仕手株を買い煽る原資としてM資金が使われる。すべては詐話師の作り話だが、核になる部分にはある歴史的事実が厳存する。それゆえに人々はヤラレルのだ。

一九六九年に就任した某大手航空会社の社長がその年にM資金まがいの話にひっかかり、金銭的実害はなかったのだが翌七〇年五月の株主総会でそれを追及され、翌日の取締役会で正式に辞任して社長のポストを退いたという事実があった。最近でも某自動車メーカーの役員氏もやられたし、某大手化学品メーカーの社長もやられた。これらはもちろん実名入りで新聞ダネにもなった。このほかにも、有名無名、分別あるはずの大企業の幹部が広義のM資金詐欺にひっかかった件は多数ある。

いま例に挙げた某大手航空会社の当時の当面の課題は大型機の導入問題で、将来の航空需要の増加見通しから早急に拡大を迫られていたため大量の資金が必要だった。そういう大企業にM資金詐欺師は入り込む。

序論は、こう言うのである。例の○○鉄鋼が戦後あれだけの工場拡張ができたのはなぜか。当時赤字のその企業に銀行融資が大量に許されるはずもないのになぜできたかというと、それはとりもなおさずM資金の導入に成功したからだ。△△電機もその例だ（もちろん、実在の大企業の名を出す）。もちろん、それを確かめに○○鉄鋼や△△電機へ行ったところでそんな過去の裏面史については誰も教えてはくれないがね、と切り出し、あたかも実在の話のように具体的な大企業の名前と時期と当時必要とした資金量とを、具体的に、リアルに話す。

さて、本論の説明は大別して幾通りかのパターンがある。

(1) 実は戦後、ＧＨＱ（連合軍総司令部）が引き揚げるとき、当時の吉田茂首相に巨額の資金を対共産圏防衛機密費として残していった。これは、中共、北鮮、ソ連というように日本は距離的に共産圏に近いし、日本の知識階層にはマルクス・レーニン主義者も多い。だから共産圏対策、共産思想対策の費用とせよ。思想の自由を唱える日本国憲法のもとでこの資金を公にすることはできないし、共産主義諸国を仮想敵とすることも国際儀礼上、よろしくない。よってこの大量資金は機密費扱いにせよ、と、ＧＨＱの経済局長マーカット少将の名を冠して、コードネーム「Ｍ」資金として日本に残して、ＧＨＱは去った。その後何年も経て、もはや共産主義の脅威も薄れたので、この資金を日本の前途ある産業のために使うべしということになった。だが、いまさらこの資金を公にすることはできない。貴社を有力候補先としてこの資金を融資する用意がある……。

ここまで聞くと、権力を欲しいままに、苦言を呈してくれる人もいなくなった権力者は、思わず本気にして胸が高鳴る。「その調査費および口座開設費として一億円用意せよ」などと言われる。提示された資金は五〇〇〇億円とか一兆円とかいう目もくらむ大金だから、それの資格審査のためと、その大金を受け入れるための口座は一億円ぐらいかかるとしても別段の不思議はないと考える。大学受験もその後もペーパーテストだけの秀才だった彼。苦言を呈する部下もなくなり、特別の挫折の体験もなく裸の王様になっていた彼。こういう彼ほどこの話に乗りやすい。一億円ぐらいの現金が即刻用意できないでどうするか、これくらいのことで当方の値踏みをされてたまるものか、と、早速この話に乗ろうとする。もう一つのパターンは次のように言うのだ。

(2) 第二次大戦中に日本政府は民間から貴金属および宝石類の供出を受けた（これは事実）。その貴金属・宝石類は大戦終焉まぎわの混乱に紛れて日本銀行の地下金庫に保管されたまま終戦を迎えた。講和条約後、大蔵省・日銀はこれを処分して現金として保管することになったが、いまさら、戦時中に供出させた民間の財産を戦争遂行に何の役割も果たさずに眠ったままになっているなどとは発表できたものではない。そこでこの大量の資金は政府日銀の正式統計の裏で国家予算外の金となって保管され続けた。

さて、この資金は日米安全保障条約締結時に別項の特約事項として基幹産業およびそれに準ずる産業に特定の手続きで使用できることになっている。いきさつがそういう筋で発生した資金だから日米条約を調べてみてもそれは表面にも出ない、いわば裏面の特約条項である。よって大使館も外務省もそれは知らない。当時赤字続きだった○○社が、いくら基幹産業だからとて銀行融資は大量には受けられないはずなのに、あれだけ大規模な設備投資で発展できたのは、実はこの重要産業育成資金の導入があったからだ。もちろん、聞きに行っても本当のことは教えてはもらえないよ……。という序論から入り、あとはだいたいお定まりのコースとなる。

重要産業育成資金と命名されているが、そのルーツはM資金と同様であり、GHQのマーカット少将は出てこないが、第二次大戦下の混乱という大舞台を設定して実に壮大なフィクションを仕掛ける。このように、フィクションというものは、日常そのへんにころがっているネタでは凄みがない。非日常的なところに効き目があるものだ。「ためにする噂」としての仕手株のフィクションとて同じである。

何々仕手が何千万株の買い資金を用意しているとか、いざとなったらこの実弾をぶちこんでケリをつけますと言って金庫を開いて、札束がぎっちり詰まっているのを見せるなどは、フィクションとしては小さい、小さい。何千万株とか金庫いっぱいの札束なんていうのは非日常的なことではない。仕手株のフィクションならば、ＣＩＡとかニューヨーク連銀の陰謀とかの非日常性を持ち出して、ちょっと信じられない話をまことしやかなストーリーに組み立てて、しかもディテール部分は現実的にリアルに話を構成することだ。人はこの話に参る。

北炭（北海道炭礦汽船）の仕手化の例を章をあらためて述べるが、北炭はインドネシアのスカルノ大統領と組んで……と大きく出ることだ。北炭が何々企業と提携してという程度では日常性の域を出ない。そういう話には〝フィクサー〟児玉誉志夫の秘書兼財務担当だとか〝ブルドーザー宰相〟田中角栄元首相の金庫番とかいう話が出てきて、もちろん、児玉・田中の両氏のところへ聞きに行っても本当のことは教えてくれないよとくるし、もし聞きに行ってもそんなバカげた話はいちいち取り上げて相手にはしてくれない。そうするとますます「曰くありげだ」ということになってしまうのだ。

仕手株の噂とはそうしたものだ。私は野村証券時代の一五年の間に何十回も何百回も耳にした。しかも、こういう話はまたその裏づけとなるようなネタが出てくるものだ。一九八二年九月に

「外務省外交文書」というのが公開された。それによると、いま述べた日本の金塊は連合国軍に接収され、米英の間で大いにもめたというのだ。連合国軍は日本進駐と同時に、日本国内に戦時中に民間から供出を受けた貴金属・ダイヤモンドがあったのを強制的に無償接収し、その総額は当時の金額で二億五〇〇〇万ドル（九〇〇〇億円）に達した、と、一九五〇年一〇月一七日付の外務省文書にある。

すなわち、①戦時中に民間が供出したものを、当時の「中央物資活用協会」を窓口として大蔵省や日銀などの機関に移されていたもの、②民間企業が工業用に在庫していた物資、③日本の陸海軍がタイやインドシナなどの占領地から略奪してきた物資、この三種で二億五〇〇〇万ドル、当時の為替レートで九〇〇〇億円だ。連合国軍はそれらを無償接収して日本の侵略行為で被害をこうむった国への賠償金に充当するつもりだった。イギリスがその主張を撤回した一九五〇年に朝鮮戦争が勃発するや、それに前から始まっていた米ソの冷戦の高まりもあって、アメリカは日本を対共産圏の橋頭堡にしようと強く考えたので、この九〇〇〇億円はアメリカが受け取るべきものであると連合国軍内にステートメントを出した（アメリカ国務省のアリソン公使と日本外務省の井口貞夫次官との会談の記録より要約）。

こういう話は現われては消え、消えては現われる水のうたかたのように、はかなくかつ数多い、それこそまさに泡の一つである。ちなみにこの九〇〇〇億円の接収物資は、アメリカの支援により、外国からの略奪品を除いた金二〇〇トン等が日本に引き渡されることになった。が、これがまたM資金誕生の話の温床になるのである。作家の松本清張は言う。ＥＳＳというＧＨＱの経済科学局が当時の日本経済のすべてを握っていて、その長官のマーカット少将の頭文字Mをとった M資金なるものが存在したが、この話は、講和条約後GHQがなくなってから浮かび上がってきた、と。彼は著書『深層海流』（文芸春秋新社）のなかでM資金の内幕を描き、「その資金はアメリカの利益になるような日本の政財界や、文化工作方面にまで投資されているのではないかと思っている」と述べている。火のないところに煙は立たないと言うが、海の向こうの火を見てフィクションの煙を立たせて銘柄に結びつけるのが、この手の詐話師である。えてして彼らの話は、詳細部分はリアリティに富み一部分は実在の資料を使い、それが全体の大嘘を支えているのである。

ところで、前記とは別の話でM資金の源流とされるものに旧日本軍の海外からの略奪物資が換金されて薄外で保管されている、というのがある。前掲書のなかで松本清張はこう言っている。「これはある程度占領軍によって摘発され、没収されたが、しかし、まだ、その摘発を逃れて民間に隠匿されたものが相当数ある。ときどきその片鱗が事件となってわれわれの前に姿を見せてくれるが……」。M資金の実在を信じている人は、相当の教養人や情報通のなかにもかなり多い。創作のために現地に赴いて実地調査することで著名な松本清張も、本人はM資金の実体を不詳としながらもその存在自体には少しの疑いも持っていなかったようだ。

さらに、セオドア・コーエンという人はGHQの労働課長などを務めた人であるが、この人の著書『日本占領革命』（大前正臣訳、TBSブリタニカ）によるとこうある。「占領時の最初の頃から、日本軍の財宝がどこかに隠されているとの噂は絶えなかった。東京湾に金の延べ棒が沈められているとか、どこかの山中の洞窟に貴金属が埋められているとかささやかれていた」。

ちなみにこの書は、一九四五年秋に日本の内務省がＧＨＱ参謀四部に報告した、大阪造兵廠の保有していた物資を数量まで細かくリストアップしている。貴金属はともかくとして、戦争遂行上必要とされた銅やゴム、ガソリンなどの戦略物資は、軍需工場や軍関係施設内に大量に保有されていたことはまぎれもない事実である。ポツダム宣言受諾の前日の閣議でそうした軍保有物資の放出が決まったが、その金額は、翌年の日本の国家予算五六〇億円の四倍以上に当たる二四〇〇億円であった。

この資金が、仕手株に流れて、後述する「ＣＩＡ準備金」に簿外で積み立られるのだというフィクションが構成される。これが某仕手株に向かうというのだ。

人はこういう非日常に酔い、麻酔をかけられたようにその銘柄に群がるのだ。およそ非日常性というものは、人を酔わせるところがあるらしい。例えば家から近いカントリークラブの会員権は買わないでいる人が、グアム島のゴルフ場などはすぐ買ってしまう。そういう人が平成バブルの頃に私の周囲にも何人かいたし、自分の土地勘のある範囲の土地は買わないのに北海道の摩周湖のそばの温泉付き別荘地などというものを、生涯一度も行きもしないのに買ってしまうという人も少なくなかった。

こういう話もある。「ある大物の政治家が、戦後のどさくさの間にＧＨＱの指示で国有土地の莫大な払い下げをほとんど無償に近い値で受けた。ほとぼりがさめた頃、それを売却したところ三兆円という大金になり、さすがにその金は国家に供託して国債という形で受け取らねばならなくなった。その政治家は誰かだって？　そんなことをうかつに漏らしたりしたら、あたしゃ消されちまいますよ。ところでその国債の利息だけでも年々一二〇〇億円ある。それのわずか一年分を融資してさしあげましょう。ついては、国債利子還付金手数料をその一%、すなわち一二億円をご用意いただく必要があるが、当面その手数料の手付金を一〇%でいいとして一億二〇〇〇万円用意してください……」とくる。

一年分の利子を融資するから、その手数料として一%を用意してもらうところだが、その手付金としてその一%のさらに一〇%だけでよいというから、融資額の〇・一%ということになる。多額の融資話だから、〇・一%ぐらいは当然だろう、むしろ良心的な話だ、などと感じ入ってしまう。この話を仕組んで実際に幾つかの候補企業として狙いをつけた相手に仕掛けたのは、栃木県宇都宮生まれの某女（当時五六歳）で、地元商業高校を出て中国華南省で勤めていた女性、広義のM資金がらみでしばしば登場し、仕手株がらみの話でも登場することもあり、その仕掛けを遂行する役者は合計一〇〇人を超えるという詐欺団の女頭領である。

この国債還付金もまたM資金の一つのバリエーションであるが、この話に乗って手付金を提供したのは大企業幹部、自営の成功者、弁護士、医師、作家、俳優など。せしめた金は五〇億円とも七〇億円とも言われている。もちろん、「業務遂行」のため働いた多くの〝秘書〟〝政治家〟〝官僚〟たちにも分配するから本人の懐に数十億円がころがり込むわけではないが、それにしてもやるものだ。被害者は、先に紹介した某大手航空会社社長のように、明るみに出ると自分の名誉にもかかわることだから自ら隠したがる。ちょうど江戸末期の天保年間、中村座の職人鼠小僧次郎吉が武家屋敷ばかり狙ったが、武家は自分の屋敷は城中の延長として殿に賜っているものだから、そこへ賊に忍び込まれて、あろうことか金銀を盗まれたとあってはこのうえない恥辱となるので、被害の届出をしなかった。そこで天保三年八月に逮捕されるまで結構長続きしたのだと私は見るのだが、これと似てはいないだろうか(ちなみに鼠小僧次郎吉は実在で、その墓は両国の回向院に中村座・次郎吉として天保三年八月一九日没と建てられている)。

「CIA準備金」が動くという選挙対策銘柄
――非公然活動という目くらまし――

一九九四年四月一九日付のニューヨーク・タイムズ紙が、アメリカCIAは一九五〇年代から六〇年代にかけて日本の自民党に防共資金として多額の資金援助を行なったと報じた。これは事実である。

アメリカ政府の情報担当者や外交官が現職を引退して語るところによると、日本を共産主義に対するアジアの防波堤にして、日本の赤化を防ぐために「防共資金」として日本の自民党とその幹部に数百万ドル(当時十数億円)の資金援助を何度かにわたって行なった。当時の佐藤栄作蔵相が防共対策としてアメリカにこれを求めた、ということをアルフレッド・ウルシーなる人物(一九五五〜五八年のCIAの極東活動責任者)が明らかにしたと、ニューヨーク・タイムズ紙はニュースソースも実名入りで発表した。

アメリカはこういう開かれたところがあり、例えば一九九七年、現韓国大統領の金大中氏の事件から四分の一世紀を経過したからということで、金大中氏が日本国内で行方不明になり、直後に戻されたのは韓国の情報機関ＫＣＩＡが九段パレスホテルで彼を拉致したのだと、当時のＣＩＡ韓国駐在責任者が写真入りで発表した。当時、それをＣＩＡが確証を握って、ただちにＫＣＩＡに乗り込まなければ彼の命が危ないとの指示を受けた私が同氏を解放させたのだと発表したのを、日本経済新聞その他で私は見た。これにもびっくりしたが、一九九四年のＣＩＡの〝裏金〟にもびっくりした。こういう筋の話は、即刻、そのニューヨーク・タイムズ紙の記事のコピーを持って裏街道のストーリー・テラーたちが右往左往、走り回る。よきカモはいないかと。

ところが、あたかも彼らをフォローするような記事がその七カ月後に、今度は文芸春秋一九九四年一二月号に出たので、詐話師たち（詐欺に使える虚構の原作者たちで、これが首領格となる）の喜んだこと、ひと通りでないさまが私の目には浮かぶのである。ジャーナリストの大野和基の「新証言ＣＩＡ対日秘密工作の合意文書」として同誌に発表された文書である。それは、ニューヨーク・タイムズ紙の「ＣＩＡ長官アレン・ウエルシュ・ダレス」を基礎資料としてまとめたものとされている。ある国のある党派の選挙資金を対共産党対策などのために用意する、そのための「ＣＩＡ準備金」なるものがある。ある国のある党への援助というのは、「世界の警察官」を自認するアメリカにとっても対外的にも極秘のことではあろう。アメリカの世界戦略に沿って動くＣＩＡは、世界最大最強の謀略機関でもある。巨額の資金と組織を駆使して世界各国の情報収集はもちろんのこと、不都合な政権の転覆までを遂行するのは日常茶飯事である。

アメリカは日本の予算システムに比較すればかなり公開の度は進んでいるはずだから、その非公然活動の資金はどうやって議会の議決を得るのだろうか。そうなると、その原資はM資金の話と同じで「簿外の金」があるのか。そんなケチな額ではない。非公然活動の必要性がワシントンに伝えられると何らかの方法で国務省とＣＩＡの間で協議され、ＣＩＡ長官がその重要性を認めて「ＣＩＡ準備金」を稼働させる必要があると認めればPlanning Coordination Group というところを通過する。これはＰＣＧと呼ばれる計画調整グループである。これを通過するとSpecial Group 略称ＳＧが実稼働できるように資金処理する、ということを明らかにした。

日本については、そのＳＧが「一九五八年四月一一日に検討した」と文芸春秋に発表して同年四月一九日のニューヨーク・タイムズ紙の記事を補強した。一九五八年四月といえば、日本で言うところの「五十五年体制」なる自民党与党樹立の直後である。五十五年体制はこうして強められたことになる。

警察庁警備局における公安情報活動の責任者で内閣広報官でもあった宮脇磊介《らいすけ》に聞いた話だが、ＣＩＡがアメリカの世界戦略上に不都合な国の大統領を失脚させるか消去する、または反政府ゲリラの支援活動をするなどは当然のことという。こんなことを宮脇氏がしゃべると、それこそ彼が消されはしないかと私が本気で心配すると、彼は、自分のような小者を消している暇はＣＩＡにはないはずだと笑っていた。そのとおり彼はいまだ健在である。

さて、この「ＣＩＡ準備金」とはどんなものか、「世界の警察官」を認ずるアメリカとしても、他国の選挙に介入するとか、他国の不都合な大統領は追い落とすか反政府ゲリラを支援するなどのことに資金を投ずるというのは、公然とできるものではない。ところが、内務省とＣＩＡの間で協議が整えば、膨大な資金や組織が動き出すようになっているらしい。

例の五十五年体制のあと、時の佐藤栄作蔵相がアメリカに資金要請したときの模様が「カーペンター覚書」という資料に詳細に書かれている。この資金受け取り役として川島正次郎（当時の自民党幹事長）の名前が出てくる。そうした自民党への資金援助がマスコミに知れた場合は日本への内政干渉であるとして激しい非難をアメリカも受けるだろう。ゆえに自民党に対する資金援助は両国にとって極秘に進められねばならない。そのためその資金は、秘密の「CIA準備金」で調整しなければならない、というものである。「CIA準備金」とはアメリカが表面沙汰にはできない世界各国の政党への援助金や破壊工作や選挙資金に賄われる性質のもののようだ。

この「CIA準備金」は選挙対策資金として五十五年体制を強めるために日本に投入されたことは事実のようだが、この事実からフィクションが生まれてくる。CIA準備金の受け取り役だった自民党幹事長がその資金をさらに増やして使えるようにするため、いったん株式市場を通して資金の倍増を図りたい。そのために使われる銘柄はこれだと言って、いわゆる「選挙対策銘柄」が登場するのである。その背景に、いま述べたCIA準備金の仕組みとその決済の手順の話を効果音として使い、さらに一九五八年に実際にあったという事実をバックミュージックとして流し、あたかもその選挙対策銘柄が「まぎれもない事実」だと思い込ませる。

これを信じた投資家、投機家群がいっせいに買いつけば、確かにその株は一時的には上がるものだ。そこで、その話を聞いても半信半疑だったという「理性派」も、目の前に示現した株価急騰という事実をそのストーリーの信憑性と置き換えて、ついにたまらず飛び乗るのだ。しかし結局は大天井をつかむことになる。大天井をつかめばどんなに内容のよい銘柄でも、後は下がる以外にない。このようにして「選挙銘柄」はたいていの人は損をするのだ。それでも、このような話が消えてはまた登場するのはなぜか。

一つには、そのフィクションがきわめて巧妙につくられていて、公然とニュースにならないのがむしろ当然であると人に思わせるストーリー・テラーか二番目の人々だけは、短期間に結構儲かるからである。だいたい、株式投資というものは「自分が買ったあとで」「その同じ銘柄を」「自分よりも高値で」「たくさん」買ってくれる人々がいれば、どんな株でも儲かるものだ。この選挙銘柄も、最初の人々や二番目の人々がそれに該当して儲かることが多い。そうなると、そういう人は選挙銘柄の信者となり、次の話にまた乗るということになる。

第二次大戦終結後の占領開始時に大阪造兵廠が保有していた戦略物資は大量のダイヤモンドと金の延べ棒三六本、銀二〇トン、コバルト三六トン、銑鉄三万五〇〇〇トン、等々であり、これを細かくリストアップされたものが日本の内務省からGHQに報告されたとコーエンの前掲書に出てくるが、この膨大な物資のすべてがGHQが接収する前に消えてしまったのである。軍需産業の工業内に積まれていた原材料（ゴム、皮革、機械など）を含めると膨大なものである。当然のこととしてこれの摘発運動は猛烈に起こったが、政府は一九四六年六月に民間による摘発運動を違反と定め、翌四七年二月、経済安定本部（経済企画庁の前身）に隠退蔵物資特別委員会を設け、委員長を当時の安定本部長官だった石橋湛山（後、首相）とし、副委員長になった世耕弘一（当時、自民党代議士）が中心となり、本格的に摘発に乗り出した。同委員会は隠退蔵物資等処理委員会となり、これは当時、「世耕機関」と呼ばれ、隠匿物資摘発の世耕旋風が吹きまくった。日銀倉庫に一〇〇億円のダイヤ（当時の国家予算の五分の一弱）が無登録であったことが明らかになったと当時の朝日新聞が記事にしている（一九四七年三月二九日付）。そのほかにも日本は当時、本土決戦をするために膨大な戦時資材を集めて軍需工場に持っていたはずだ。したがってダイヤモンドとは別に莫大な量の隠匿物資があったはずだが、世耕機関の摘発旋風にもかかわらず、これに関する詐欺・横領なども横行し、同処理委員会は一九四七年八月に早くも廃止された。隠匿物資がなぜ、ほんの一部しか出てこなかったのか。当時の官僚とアンダーグランドの紳士たちが結託していたからだと推測するのは『詐欺の心理学』（講談社）の著者である取違《とりい》孝昭《たかあき》である。

M資金というとその名称だけで巨額詐欺事件の題名のような印象を受ける。ゆえに、「重要産業育成資金」としたり「選挙対策資金」としたり、名称は数々変わるが、資金の名称や原資の淵源が変わっても何らかの巨額資金が実在しない限り、なぜこんなに多くの大企業の幹部や分別ざかりの紳士たちがだまされるのだろう。たいていは数千億円とか数兆円という金額で言われる簿外に実在する伏流資金が、何らかの「ミス」によって事件化されたものが私たちの知る話となるのであって、この被害者は、表沙汰にしないほうがずっと多いのではなかろうか。警察関係や検察関係は、この伏流資金の存在を頭から否定する者が多い。資金繰りに困ってしまって平衡感覚さえ失いかねない大企業幹部は、すでに常識的な判断力を失っている。そこへツケコマレたのだ。また、株の世界で不労所得を無税で儲けてやろうなどという連中が、欲に目がくらんで常識的判断力を失い、妙な話に乗るのだ。

だからといって、この膨大な伏流資金が全く実在しないのかというと、その不存在を証明することもできない。存在も不存在もともに証明できない。そこに詐話師の活躍する舞台があるのだ。

復興援助から生まれた「ガリオア・エロア資金」の幻
――返済額との食い違いに詐話師の創作のヒント――

アメリカが一九四七年から一九五〇年にかけて主要占領国に対して供用した「占領地域統治救済金」である。第二次大戦で荒廃した被占領国を救済するためである。この資金はガリオア（Goverment and Relief in Occupied Areas＝GARIOA）資金と呼ばれた。この資金は、当然に被占領国の人々の生活に直接必要な食料や衣類に充てられた。ほとんど同時に「占領地域経済復興資金」が供されたが、これは日本と韓国の産業を再建するために鉄鋼や石油などに充当された産業復興資金で、一九四九年と一九五〇年の二度供用された。これがエロア（Economic Rehabilitation in Occupied Areas＝EROA）資金である。これらは、一九四九年四月に対日援助見返資金特別会計が設けられて、そこで運用されることになった恵みの雨であった。ガリオアもエロアも、ともに資金でではなく物資で援助された。いずれも一九五二年に打ち切られ、前記の見返資金特別会計は、産業投資特別会計に引き継がれた。

さて、その後、一九五四年から、この両資金の返還交渉が始まった。贈与と考えていた日本側は戸惑ったが、それよりも、その金額に食い違いが起こった。一九七三年五月、ちょうど列島改造バブルの過剰流動性が渦巻いていた頃だが、日本側の一括繰り上げ返済で終結したということになった。だが、供与額と返済額とに差額（一四億ドル、当時の為替レートで四〇〇億円強）が生じたのである。このお金はどうなってしまったのだろうか。ここに詐話師の創作の重要ヒントが生まれる。その四〇〇億円がM資金の源流として流れ込んだとする説、自民党の選挙対策費として株式でひと儲けを企んでいるという説、官僚の政治家転出時の資金としてあるファンドマネジャーに預けられたという説、等々がある。

新手の仕手ネタ「N資金」
――ナイジェリアの不正蓄財資金が向かうという暴騰銘柄――

アフリカの中西部にナイジェリアという国がある。かつてはイギリスの植民地だったが独立後も部族対立が続き、クーデターもあり、政権が目まぐるしく変わった。この国はアフリカ大陸最大の石油産出国だが、政権はときどき変わるし、クーデターはあるし、ストライキはあるし、いつも不安定だ。一九九三年からはクーデターで成立した軍事政権が実権を握ったが、その後もしばらく政情不安が続いた。

一九九二年に日本貿易振興会（ジェトロ）が、商社や銀行に一つの注意を促す呼びかけを行なった。「アフリカからの不審な商談やファックス、手紙には十分にご注意を」という趣旨である。

アフリカとは主としてナイジェリアを指す。私の野村証券時代からの畏友で外資系の銀行の役員をしている男の話だ。ナイジェリアからの怪しい話は実に頻繁に文書で舞い込むという。もちろん、はなから本気にはしないが暇なとき興味本位で読んでみた内容を、四方山話のついでに語るのが面白い。別の友人で大手商社にいる男も言うには、毎月ナイジェリアからの手紙が舞い込むという。その話も仕手株につながるので面白い。

こういう不安定な政情の国から、地下資源をめぐっての臨時政権の不正蓄財だとか、クーデターに追われた側の万一のときの亡命資金のための蓄財だとかいう話が、アフリカ最大の産油国のイメージと結びついてすぐ人の頭に浮かぶ。現に、前大統領が石油産出の何割分をも不正蓄財（一説に五〇〇〇億円）してクレディ・スイス銀行に預けていたことが発覚した、という事実もある。ここに詐話師のストーリーが生まれる。

例えばこうだ。前政権の高官や政治家が万一のときの亡命資金として貯えたお金が、邦貨換算で三〇〇〇億円あることを発見した。現政権のわれわれの手続きでそのお金を国家のものとして公にするのは国内に波乱が起こる。そこで、日本の適切な企業に頼んで石油取引の関係と仮装して引き出してもらうことにしたい。いま、貴社が最も適切な企業ということになって、あなたの人となりも一応の内偵が済んだところだ。あなたこそ国際的に信をおける人柄であることを、お国のナイジェリア大使館が内偵を済ませた。

そこで、そのための口座を開設してもらいたいのだが、三〇〇〇億円が振り込まれる口座だから、まさか一〇万円や一〇〇万円で口座開設というわけにもいかない。三〇億円ぐらいは口座にありたいところだが、この際三億円でも不自然ではないと大使館でも言っている。お礼と手数料として、はなはだ些少ながら三〇〇〇億円振り込んだうちの一〇億円をあなたの口座に残す。さらに、これは大使の特別の感謝の印として、もしあなたがお望みならば三〇万バレルのガソリンを市価の半額でお譲りしましょう、とくる。

良心的な取引ではないか、この話に乗らない手はない。封筒にも便箋にもナイジェリア大使館の紋章が入っている。差出人は連邦政府資金調査委員会カルハジ・サラミとなっていて、どうやら政府機関の一つに見えた。そこでこの話に乗って三億円を詐取される筋書きなのだが、その手紙を受け取った社長は、怪しいとにらんでこの話を私のところへ相談にきた。一読してM資金の新手の「N資金」だと思った私は、その話は無視せよと断じた。暇なとき私は日本貿易振興会の友人（彼はポルトガルから南米の担当で、ナイジェリアは直接には関係していないが）に調べてもらったし、もちろん大使館にも問い合わせさせた。一九九五年の話だ。友人は直ちに前掲の一九九二年の「アフリカからの不審な商談にご用心」の呼びかけと結びつけて、これは、欧米諸国で一九八〇年代から被害が出ているN資金であると断じた。

この種の詐欺は市場と無関係なところで行なわれるので少しオメデタイ人で小金がある人に被害が及ぶだけだが、まずいことにはこれが株式市場でのデマとして「N資金が動かす大仕手株」、「N資金のからむ選挙対策資金づくりのための銘柄」（略称、N選対の株）などまことしやかなストーリー・テラーたちが暗躍する。だいたい、こんな奇怪な話を誰が信用するのかと読者諸賢は普通ならば思うであろう。ところが、熱狂市況の最中にこの話が耳打ちされると、「もしかしたら」と思い、「眉ツバものだが要は株が上がりさえすればその話が嘘でも構わない」と気軽にこの株に乗ってみる。これが大損のもとになる。

「眉ツバもの」には乗らないことだ。よしんばその銘柄が暴騰したとしてもそれを買わなかった自分が損するわけではない。あぶく銭を取り損なっただけだからよいではないか。本来、あぶく銭などというものは手にしてはならないのであって、それはスペキュレートの真の意味（哲学的思索、熟考、懐疑など）と無縁である。兜町にも「悪銭《ワルガネ》をつかんだ奴はきまって没落する」という教えもある（真の投機の儲けはいくら大きくてもあぶく銭ではない。そこにはスペキュレーションの本来の語義である思索と熟考と懐疑という頭脳労働と心労が伴うから）。ちなみに、前述した毎日新聞社社会部出身の地下資金研究家、取違孝昭の著書『詐欺の心理学』によると、N資金の被害額は一九九五年までで数十件、十数億円にのぼるという。

第3章

「勘」を養うべし

「勘」とは何か

――そのために何が必要か――

「勘」とは、経験から導き出される洞察力と判断力である。それは決して神秘的なものではなく、超能力的なものでもなく、経験のうえに農業的育成過程で培われてくるきわめて現世的なものである。そしてこれは経験によって培うことができ、訓練によって磨くことができるもので、その源は大脳にある。では、勘が養われる基礎となる「経験」とは何か。経験とは、市場の行動において獲得された確実な知識の総体である。知識や情報を「工業的製造をして組み立てられるもの」ではなく、「農業的育成によって培われるもの」である。

そして、こういう経験と勘によって構築された頭脳に辛くも支えられた意思決定能力を「度胸」という。情報の不確かさや不十分さを、経験から生ずる洞察力で補って意思決定することが度胸なのだ。だから度胸というのは「腹」ではなく「大脳」である。ところで、ここで経験というきわめて大切なものについて少し詳しく説明しておかねばならない。

経験というのは、自分が自分以外の外界との相互作用を持つプロセスの総称であり、これには二通りのものがある。一つは、自分が直接に接し、ぶつかり、相互作用をし合う事実である。もう一つは自分は直接その場に身を置かないが、外界に生じている事実と自分の内側との間に感覚や印象が形成されて、自分があたかもその場に身を置いて直接にその事実とぶつかったのとほぼ等しい感覚や認識を形成するというプロセスだ。前者を「実際経験」、後者を「可能経験」と言おう。可能経験をもう少し説明する。例えばある少女が、直接には失恋したことはないが、姉が失恋して寝食もできずに涙のうちにやせ細ったのを、同じ家庭で生活した少女時代に姉とともに泣いて悲しんだとしよう。そうするとこの少女は失恋の「可能経験」を積んだということになり、自分で「実際経験」をしたとほぼ同じような、失恋に対する思いや印象を形成する。私は、営業担当の役員をしていた頃、ケーススタディによる体験学習を中堅幹部に多くさせたのは、この「可能経験」をたくさんさせるということが目的であった。

先に、経験とは市場の行動において獲得された確実な知識の総体であると言ったが、その経験というのは、単に「実際経験」だけでなく、「可能経験」も当然含むものである。もし実際経験のみを言ったら青年は老人にはかなわない場合が多いであろうし、一七歳から二〇歳までの間で普通のヨーロッパの詩人たちの一生涯分を作詩してしまったという天才詩人アルチュール・ランボーのようなことはあり得ないことになる。「詩は自己の経験のうえに重なったとき感動する」という詩論に賛成する者としてはランボーの例を引きたい。ともかく経験というのは、実際経験と可能経験というのがあり、私が言うのはその両方を含むということだけははっきりさせておきたい。

だから一九五三年の「スターリン暴落」を実際経験していなくとも、それを可能経験することによって海外首脳の動向が契機になる暴落、例えば一〇年後、アメリカのケネディ大統領の金利平衡税新設が引き起こした「ケネディ・ショック」や、その八年後一九七一年の「ニクソン・ショック」などの際に実際経験した人とほぼ同じく、暴落について確実な知識の総体を持つことはできるものである。それでなければ、株式市場での知恵は老人にすべてかなわないということになるではないか。若者よ、そんなことはないのだ。可能経験を積むためにケーススタディすることが大切なのだ。

「勘」とは市場の行動の積み重ねにおいて獲得された確実な知識の総体（経験）から導き出される洞察力と判断力であるから、判断という以上は情報の不確かさが前提となる。確かな情報のもとでは解析だけが必要であり、判断は要らないのだ。情報が不十分だからこそ判断が要るのだ。

よく「情報の洪水のなかで」などとヘンなことを言う評論家もいるが、洪水のように多くあるのは情報といってもそれはInformationであり、文字通りにform（型）のなかにInした（入れた）ものであって、平たく言えば資料、データである。市場で要るのはinformtionよりInteligenceである。これは型に入っていない。これは常に不足しているものだ。不足しているということが「必要な情報」の本質である。アメリカCIAのIはもちろんInteligenceのほうである。

ＫＫＤ（経験・勘・度胸）と言って、これを「古いもの、非科学的なもの」として蔑視する風潮がある。そういう人々は市場のゲームには向かない。だいたい、ＫＫＤと言って蔑視するようになったのは、ＯＲ（オペレーション・リサーチ）の考え方や手法が普及してからである。ではＯＲは経験・勘・度胸という重要なものと相反するもので否定すべきものなのかというと、これまた誤りである。ＫＫＤもＯＲもともに別な使い道において重要なものなのだ。こう考えるのが正解である。

いま「勘」とその基礎となる「経験」と、それが実際に発現されるとき「度胸」となって役立つのだということを簡単に説明した。これは投機にはきわめて大切なところであるから、項を改めて詳述するが、一見それらのものと相反するように見えるORも重要なので、それについて概述する。

ORは第二次大戦中にイギリスで生まれてアメリカで発達した。B29爆撃機隊の夜間空襲や戦闘機の空中戦、そして神風特攻機に対する作戦などに使われた、数学的方法による非KKD的なものである。もともとは、ドイツ空軍に対する対飛行機砲の精度を研究するために、数学者と物理学者、天文学者などの混成タスク・フォースをつくって研究させたのがそのルーツであるとされている。このチームのリーダーは物理学の世界でノーベル賞を受けた。

ORの実際例で有名なのは、昭和二〇年四月、敗戦直近の沖縄戦における対神風特攻機作戦での実践である。日本軍の神風特攻機というのは、人間が操縦する飛行機が軍艦に突っ込んできて自他もろとも炸裂するのだから、アメリカ人を驚かせたどころか、艦の乗務員や指揮官も神経症に陥ってしまった人が多かったという。この、常識では考えられない無茶苦茶な恐ろしい飛行隊に対してどうするか。この対処法を考え出したのは、経験・勘・度胸に優れた百戦練磨の指令官ではなく、数学者・物理学者のチームだったのだ。彼らは、実際の被害（日本軍で言えば成果）の統計をもとに、計算と確率を駆使して神風特攻機に対処する方法を考え出した。そして、このようにしてORは実用化され、それは対ドイツ潜水艦作戦、機雷作戦などにも実用されたのだ。

そして戦後一〇年、一九五五年頃、これはアメリカで企業経営技術として登場してきた「不確定性のもとでの意思決定」としての科学的意思決定の方法と称されるものである。種々のデータに基づいて高等数学の方程式とコンピュータを使って行なう「科学的意思決定法」である。

さて、この話を聞いたりＯＲの考え方や手法を学んだ人々が、経験・勘・度胸をＫＫＤと言って蔑視するようになった。だが、本当はＫＫＤはきわめて大切で、実はＯＲよりもずっと大切なもので、投機する人はこれを養うべく日々精進する必要があるのだ。数学的方法も大切だが、本当に必要なのはＯＲよりも次に述べるような「数理のセンス」なのだ。

それはギャンブルから始まった ――「勘」には要る数理の素養――

投資について「運」が果たす役割は非常に大きい。残念ながらそう言えるのだ。心理的、数理的、論理的に錯誤のないように進めても、ある一定期間の実績を見れば運の果たす要素が意外に大きいものだ。これは、長期的にならすと平準化されてきて運の役割は小さくはなる（大数の法則と言う）が、運というものについて知っておく必要がある。

「運」だから仕方ないと諦めなければならないことも人生に多いのかもしれないが、最初から運の計算を知らなかったのでギャンブルに敗れて破産した中世の貴族と、確率論を考え出して運をコントロールしようとした人々の間には大きな差がついた。後者は中世ミラノのギャンブラーで、数学者だったカルダノ、フランスの数学者フェルマー、哲学者兼数学者パスカルであったし、また、海上保険でしこたま儲けた人々であったし、ナポレオンの懐に飛び込んで羽振りのよかったラプラスであった。運に関することを数理で解明するために発明されたのが確率論である。

ところで、競馬の総本山はイギリスで、三〇〇〇年以上の歴史を持つ。日本では文久元年（一八六一年）に横浜居留地の外国人が根岸競馬を催したのが最初とされ、せいぜい一四〇年の歴史しかない。ギャンブル自体の歴史は非常に古く、太古の昔からある。中世には特権階級のやっていたものが広く大衆の間に普及したと見られる。例えばイギリスの例で見ると、生涯をあらかじめ定められたスケジュール通りに歩む人生が運命づけられていて、自分の意見で判断し選択する余地がないという人々がいる。王室や貴族の人生には何かに賭ける自由がない。学校も職業も地位も生まれたときから定まっている。高い身分の栄誉と権力と富はあるが、進学や職業選択の自由も、自らの可能性に賭ける情熱も許されない。そこで王侯・貴族は、自由と挑戦が許される賭け事に熱をあげることとなった。

自由なき富と自由なき栄誉に抵抗した王侯も時には現われ、イギリス皇帝のエドワード八世はアメリカの一市民シンプソン夫人と恋して皇帝の地位を捨てて結婚に踏み切った。王冠を賭けた恋として世間を騒がせたのは一九三六年のことである。ところで、大きな金額をギャンブルで失っても泰然としていることができ、反対に莫大な金額を得ても淡然としてはしゃいだりしない、という資質なり修業なりが王侯・貴族の持するべき態度だということで、大きなギャンブルはまた王侯・貴族の資質とされ品性とされたのである。欧米では昔、賭け事は貴族だけの遊びだった。「大負けしても自制心を失わないというのが理由で、庶民は周章狼狽し、遊びにならない」（会田雄次京都大学名誉教授、日本経済新聞、一九九〇年五月一三日付)。財界人などがよく座右の銘として挙げる「失意泰然、得意淡然」である。または兜町で言う「語る者は儲けず、儲ける者は語らず」である。

さて、大数学者は大ギャンブラーだった。中世ミラノの医師カルダノは数学に関する著書も多く、二次・三次方程式の解法を発表し、また順列・組み合わせ・確率論の創始者として歴史に残る大数学者であるが、ミラノの大ギャンブラーとしてのほうがもっと有名だった。彼の創始になる確率論はその後ガリレオが発展させ、フランスでフェルマー、パスカルが発展させ、スイスの天才一族ベルヌーイの研究につながっていく。彼がペテルブルグ学士院へ提出したコインの賭けの問題は「ペテルブルグの問題」として有名である。

時は下ってナポレオンの時代に、古典確率論はラプラスによって「解析的確率論」として集大成される。二〇世紀に入って統計学は大いに発展し、ロンドン大学のカール・ピアソンが主流となったが、彼の分布関数の理論を使ってゴーゼットという人が度数分布曲線を表わす式を発見した。ゴーセットはビール会社の化学者で、ビールの品質の均一化を目指して材料の変動を一定にするためにピアソンの分布関数の理論を用いて、これを発見したのである。

このように、確率論と統計学はギャンブルの席から発祥して、四〇〇〜五〇〇年の歴史を経て広く産業にも用いられる統計学の基となった。

運や偶然がギャンブルにも投資にも大いに関係してくることは知られていたが、産業のプロセスにも偶然のバラツキは大いに重要な要素となることが明らかになってきた。そこで、偶然の問題を解明してそれをコントロールしようとしたのは人知の当然の赴くところである。「人間の知識は数がその役割を演じて初めて科学の名に値する」（『確率と確実性』、エミル・ボレル著、弥永昌吉・高橋豊司訳、白水社）。判断の基を数字に置くのが統計学や確率論である。

リスクとの戦いが文明を進化させた
――それは数学を進歩させ、一方で株式会社法に結実した――

ルネサンス期のギャンブラーが自分のリスク管理と利益管理のために頭脳を働かせて生まれたのが順列・組み合わせ・確率論である。ルネサンス期は発見の時代でもある。冒険家コロンブスが出たり、コペルニクスが出て天体についての考え方に革命を起こした。それには数学技術が必要だったので、数学の多数の書物がイタリアで出版されている。その頃、前述したように、ミラノにジェラルモ・カルダノ（一五七一年没）という著名な医師がいて、数学・天文・物理の大学者であると同時にローマ史にも音楽にも詳しい人であったが、なんといってもギャンブラーとして有名だったこの男が、そのギャンブルのリスク管理のためと利益のために大数学者として名を残すことになった。彼のギャンブルに関する論文は『偶然のゲームの書』にまとめられ、確率の統計的手法を初めて明らかにし体系づけたものとされている。

全米でベストセラーになった『証券投資の思想革命』や『投資収益からの教訓』の著者であるピーター・バーンスタインは、その著書『リスク』（青山護訳、日本経済新聞社）のなかでこう述べている。「カルダノが『偶然のゲームの書』をギャンブラーのためのリスクマネジメントの手引として書いたのか、それとも確率論の理論的著作として書いたのか、いまでは知る由もない。彼の人生におけるギャンブルの重要性に照らし合わせてみれば、ゲームのルールこそが彼の研究の主たる動機だったろう」。

だがピーター・バーンスタインは別のところで、「彼が関心を持っていたのはギャンブルの理論づくりであり、確率の理論家ではなかった」と述べている。カルダノの確率論の研究はガリレオが熱心にこれを引き継いだということはあまり知られていない。だいたい、必然の世界を研究したニュートンなどに対して、偶然の世界の数学はカルダノから始まってガリレオも、そのあとフランスに渡ってフェルマーもパスカルもラプラスもこれみなラテン系の人々であったのは奇妙な一致である。

フランスの社交界でギャンブラーだった貴族のド・メレが賭博での「ツキが回る」ということについて数学的に誤った信念を持っていたのでそのためについに破産してしまった。これについてパスカルとフェルマーとの間の手紙のやりとりが残っているが、それには「気の毒に彼は確率論を知らなかったからね」とあるそうだ。当時は電話もEメールもなく手紙だけだったので、いまでもこんな文章が残っていて楽しくなる。このことについては、次章の「中世貴族が破産した恐ろしい勘違い」で詳しく述べる。

さて、このようにギャンブルのリスク管理は数学を発展させたが、一方、このギャンブルの精神がイギリスでは保険業の急速な発展となった。ロンドンの引受業者はどんなリスクがあるように見えてもほとんどすべての保険契約を引き受けた。確率論の根拠があったからである。ロンドンの男たちはいまで言う喫茶店のような所に集まって、そこが海上保険の引受業務の場所になったと言われている。

ビジネスとしての保険業が本格的に発展したのは一八世紀になってからだが、保険業の起源は紀元前一八世紀にまでさかのぼる。バーンスタインの前掲書『リスク』には、ハムラビ法典（紀元前一八〇〇年頃）に「船舶抵当証券」に関する多くの条項が定められているとある。ともかく、中世は、ギャンブラーから確率論が出たし、盛んに行なわれた貿易から保険業が発展した。

そのあとシェイクスピアの『ヴェニスの商人』の主人公のアントニオが船団の分散投資とリスクのことについて述べているセリフもある。東洋の絹や胡椒や香料を積んで海を馳せた北イタリアの冒険商人たちが海難事故や海賊の襲撃に備えて、海上保険の仕組みが始まった。このため金融業も盛んになった。冒険家たちは出航前にリスクヘッジとして積荷のすべてを金融業者に売り渡して利子を払い、航海が終われば売り値と同値で買い戻す契約をするが、海難事故に遭遇すれば金融業者は出航前に買い取った全積み荷の金を支払うという仕組みのものだ。

ロンドンの保険引受業者は陸上の冒険家たちと目されていたが、その背景は厳密な確率計算の勝算に支えられていたのだ。

中世の人々の冒険心とそのリスクに対する知的挑戦とが確率論を生み数学を発展させ、保険制度と金融業を生み出して発展させ、一方では株式会社法の有限責任制度に結実したのである。

「勘」は大脳に育つ
——大脳に起こる反応は訴える——

勘というものは経験とともにきわめて大切なものだと述べてきたが、これについて心理学的な方向から第三者のような立場で考えてみよう。

心理学の法則を知ったからといって、それで人の知覚の鋭敏さに支障をきたすわけではない。ちょうどそれは、太陽の運行の法則や星の運動を知ったからとて日の出や夕日の美しさを感じなくなることは少しもないのと同じである。まず生理上、「反射」というものがある。これは刺激を受けた求心性神経が中枢神経を通して遠心性神経を興奮させる機能を言う。そして、その反射という働きは意識に関係なく行なわれる不随意的な働きである。

パブロフの条件反射学で言えば、反射には食餌反射、性欲反射、防禦反射、定位反射の四つがあると言う。このうちの定位反射というのが、どうも勘と関係があるらしいと思うので、いままでの冗長な説明が必要だった。定位反射とは、一定の刺激に対して「ん?」と立ち止まる作用のことである。この定位反射の本質は勘の本質を解明するうえで重要な示唆を含んでいる。これを説明すると次のようなものだ。

私たちを取り巻いている、いつも見慣れている情景や雑音のなかに、わずかの変化であろうとも、いつもと違う物が見えたり、いつもとは別の音が聞こえたりするとき、またはいつも聞き慣れている雑音が突然やんだりするときも、あるいは、いつもの明るさが突然、より以上に明るくなったり、逆に少し暗くなったりしたときも、さらに、いつもの空気と違ったわずかな芳香か悪臭がただよってきたときも、何かが小さなものでも落ちてきたときも、「ん？」と言って立ち止まるか、立ち止まらないまでも神経を澄まそうとする。こういうのを定位反射と言うらしい。思いがけないもの、新しいもの、いつもと違うもの、そういうものに対して無意識に耳をそばだて、目を凝らして立ち止まる。パブロフは、動物にこの定位反射がなければ、いつも危険にさらされているだろうと言っている。この定位反射はすべての人が同じく反応するものではなく、音に敏感な人、匂いに敏感な人、人それぞれに違い、あるいはその度合いも千差万別であるらしい。

つまり、人によって度合いが違う。この度合いの違いは勘の鋭さや鈍さの度合いと全く同じであろう。勘の一種に「予感」というものがある。予感というものは、そのたびに定位反射を生み出させるような、通常はほとんど意識されない、弱いものに誘発されて、過去の経験の蓄積が働き出すのである。経験の蓄積は一定の方向に向かって考えを働かせ、ある対象物に注意を集中することになる。次の項で例に挙げるブラックマンデーの話は、私の野村証券時代の経験のうえに積み上げられた知識と習慣の結果である。証券会社の店頭でのOLたちの喧騒やバスでのいつもと違った話題という微妙な雰囲気の差のなかに定位反射を起こした私の神経が、「経験」によって蓄積された「勘」として働き、ホテルに到着時、電話で売り指示を出すという「度胸」（これは「行動」を伴うことが前提となる）なのであって、OR屋さんが蔑視する、まさしくKKD（経験・勘・度胸）そのものなのである。

分析や情報だけでは勝てない
――ブラックマンデーを予知した「閃光」――

買うべきか、売るべきか、見送るべきか、これを決めるのは数理の積み重ねではない。そのとき必要なのは知性の基盤のうえに養われた「勘」である。市場における行動には常に判断が必要だし、設備投資でも判断が勝負となるが、その判断の基は勘である。情報やデータではない。およそ情報やデータは、判断を下す際には不足していて、不確かなものだ。情報やデータが十分にあって正確なものなら、それを「解析」すれば済むのであって、「勘を働かせて判断する」という最高度の知性は要らないことになる。

ところで、勘と判断は常に不確かな情報と不十分なデータが前提となるということは前に述べたが、これが大切だ。一九六七年のことだったと思う。私がこういうことを毎日深く考えていた頃、アラビア石油の山下太郎が逝去されたが、彼はこう言っていた。「勘なき経営者は、他にあり余る十分な資質を持っていても失格である。事業に勘以上に必要なものはないし、勘は自分で感得し自分で成長させるものだ」、と。

勘は本能ではない。本能は蛇が蛙を呑むようなもので、後天的に学習しないでも生来備わっている能力であるが、鷲が兎を狩るのは親鳥や先輩を見て後天的に学習して覚える能力である。勘は後天的に学習して体得する能力に属する。本能とは無条件反射で先天的、勘は条件反射で後天的なものである。よく超能力者や天賦の才能のある鋭利の人のことを勘と混同するが、それこそカン違いというものだ。勘は後天的に（だから経験の積み重ねによって）鍛えられていって大脳に宿る能力である。不思議なものでも何でもない。きわめて現世的なものであり、農業的育成プロセスで宿るものであって、およそ神秘的とか超能力とかの概念とは相容れないものである。長年の経験の蓄積が判断の基礎となって不確かな情報のなかで短時間に決断する人々を見た者には、一瞬のうちに凝結された蓄積電光のように閃いた神秘的なもののように見えたり、あるいは事前にリスクを予知して避け得たときに虫の知らせというように神秘的に見えるかもしれない。だが、それはいま述べたようにきわめて現世的な農業的育成過程の産物にすぎないのだ。

実は一九八七年一〇月のいわゆるブラックマンデーの暴落を、私は一日の差で自分の持ち株のほとんど全部（自社株以外は）を売却して切り抜け、周囲の人々からまるで神わざのように言われ、担当の証券会社の支店長から、投資家の成功談として講話をしてくれという依頼がきた。もちろん辞退したが、その日の売却伝票は後日の記念のために全部保管した。これは、たいした話ではない。実はブラックマンデーの前週の金曜日の夕方、私が取締役をしていた会社は毎年の恒例により、一泊して会長杯ゴルフコンペをするために蓼科へバスを仕立てて皆で行ったのだ。そのバスの中でほとんどの支店長や部長や役員が酒を飲みながら株式相場で儲けた話を楽しげにやっていて、私にとっては異常な風景に見えた。バスが出る前に、会社のあるビル内の証券会社の支店の前に若者やＯＬが黒山のように集まって、俺のＮＴＴ株が今日一日で一〇万円分上がったとか、私の株が今日も二〇万円分増えたとか言って騒然としていた。だいたい、収入というものは、知的にせよ肉体的にせよ、労働の成果として得られるものなのだ。青年男女がそれを忘れて労働時間中に株式相場で収入を得ているようでは話にならない。これでは「世も末だ」という感じに近いものを抱いてバスに乗り込んだら、バスの車中もこのありさまだ。分別ざかりの部長や支店長や役員たちだ。だいたい、株で儲けた話なんて酒の話題にしたり語り合ったりするものではない。こんなことでは「世も末だ」と直観的に思った。

私が野村証券の本店営業部で働いていた一九六〇年代前半は、「週刊誌に株の話が出たら天井近し。婦人雑誌に株の話が出たら即刻暴落と読め」と習ってきた。そのもっと前、江戸時代の米相場の秘伝を伝えた『三猿金泉秘録《さんえんきんせんひろく》』という古典にも、「千人が千人ながら強気なら、下がるべき理を含む米なり」とある。全員が強気のときは売れというのだ。いまの世は、状況は全く異なるが、本質は変わりない。少なくとも自分だけはこんな喧騒のなかにいるのはごめんだと思いながら目的地に着いたのが金曜日の夕方だ。即刻、来週月曜の寄り付きで全株売れと指示を出した。一〇月一九日の月曜日の朝、私は持ち株を売り切って、一人、喧騒の外に出た。その翌日二〇日の火曜日の朝からほとんどの銘柄が売り気配で値がつかない。二万五〇〇〇円台の日経平均が三八〇〇円強の下げ幅、半日で一五%弱の大暴落だ。虫が知らせたのでもなんでもない。精密なデータの分析があったわけでもない。私は一九六一年に野村証券に入って以降幾度かの喧騒を見て、「その喧騒の直後に暴落がある」ことを「学習」して「後天的に」知っていたのだ。そして、その危機感を人に話してもほとんど本気にされないことも知っていた。「人が本気にしなければばしないほど、その危機感は当たるものだ」ということも知っていた。

ホテルについてすぐに証券会社に売り注文の電話をしていたのを社内の四～五人が偶然に見ていて、万人儲け話に花が咲いている最中に全株を売り切るというのは異常に映ったのだろう。翌日のゴルフの間にそれが話題になったようで、それが私のブラックマンデー予知能力として喧伝された。私としてはその喧伝は不本意のことである。本当はここにこんなことを書くことも気が進まない。それなのにあえてこんな例を長々と述べたのは、はためには鋭い予知能力の閃光と見えることでも、本当は市場の行動において獲得された知識の総体としての経験があって、それによって導き出される洞察力と判断があったにすぎない、ということをわかってもらいたいためだ。これらによって支えられた不十分情報のもとにおける意思決定能力とその実行力が、度胸というものである。度胸というのは、意思決定し、それを行動するというところまでを言う。ブラックマンデーの例で言えば、金曜日の夕方、ホテルについて証券会社に電話を入れるというそれだけの行動が、後日の大きな差を生む。神秘的な予知能力でもなんでもない。これが「勘」というものである。

予感はどこから嗅ぎ出すか
――「勘」は科学に通ずる――

マーケットの個々の現象の分析よりも全体的な大づかみの勘のほうがずっと大切なのだ。これをゲーテはこう言う。「もしわれわれが分析的な方法に偏って、単に物の個々の部分にのみこだわって精神の呼吸を感じなかったら、いかに自然と交渉を重ねたからとて、結局何になろう」（『ゲーテとの対話』、エックルマン著、山下肇訳、岩波書店）。もちろん、彼は株式市場について言っているわけではないが、彼の言うことは謙虚に聞けば万里に通ずる。

ゲーテの言う「精神の呼吸を感ずる」というのは、私たちの言葉で言えば勘を働かすということになろう。第六感という言葉がある。英語でもシックス・センスという言葉があり、二〇〇〇年春、映画の題名にもなって結構ヒットしたようだ。この第六感というのを般若心経で言えば「意」であり、眼《げん》・耳《に》・鼻《び》・舌《ぜっ》・身《しん》・意《い》という「六根《ろっこん》」の一つで、それに対して色《しき》・声《しょう》・香《こう》・味《み》・触《そく》・法《ほう》がそれぞれの六つに対応し、「意」に対しては「法」が対応することになっている。だから、この第六感というのは、五感（眼耳鼻舌身で感ずる色声香味触）で感ずる感覚ではなく、六番目の「意」に対応する「法」であり、哲学用語の「直観」に近いであろう。直観とは判断とか思惟とかいう作用を加えることなく、直接に把握することを指し、カントの言う「触発＝affizieren」に近いであろう。

災害は忘れた頃にやってくるという名言を残した寺田寅彦は、夏目漱石の『三四郎』に東京大学の地下室で妙な実験をしている男が出てきて、それのモデルだが、彼は『寺田寅彦随筆集』（小宮豊隆編、岩波書店）のなかでこう言っている。「科学というものは、畢竟、わかりやすい言葉に書き直した直観であり……、嗅ぐことなしにはいかなる実験も一歩でも進捗することはあり得ない」。この嗅ぐというのは、私の言葉で言えば経験を積み重ねるというのにほぼ等しいし、やはり直観と言っている。彼はまたこうも言う。「甲が同じことを一〇回繰り返して実験しても気がつかずに見逃してしまうことを、乙が、ただいっぺんで感づいてしまう場合がずいぶんある」。これは意訳すれば、勘の悪い奴は一〇回も気づかないことを、勘のいい奴はいっぺんで気づいてしまう、ということになろう。ゆえに、勘を働かせることなしに科学は発達しないと説明しているのである。

ところで、勘とは哲学用語の直観に似ていて、哲学というのは全体を一挙に本質をつかみとるという方法で発展するが、科学というのは、全体を幾つもの部分に分けて、部分ごとに分析して明らかにしていくという方法を積み重ねる。そして、この両者のやり方を混同すると、二〇〇〇年の歴史を持つ、ひたむきな真摯な実験室の研究者だった大方の錬金術師たちがついには科学の発展にあまり寄与しなかったのと同じになってしまう恐れがある。

自然科学の手法で進める相場学（チャート論や金融工学など）と、哲学の分野の「直観」とがともに重要だということになれば、投機学なるものは錬金術の歴史の轍を踏むことにならないか。そう、まさしく、その恐れはある。それはエルメス哲学体系（錬金術師）のようなものを一挙に構築しようと力めばそうなるかもしれないが、投機のよいところは、ここに相場という現実の場があって、絶え間なくその試練を受け、結果が分析され正誤が明らかになってゆくことである。ゆえに、科学的手法の重要性を百も承知し、むしろそれを盛んに用いながらも、依然として、「対象を分析せずに直接に把握する」という哲学の方法たる「勘」の重要性は少しも減るものではない。寺田寅彦はそれを言うのだ。そして最も自然科学的方法の極致であろうところの数学ですら、仄聞《そくぶん》するところによると、オランダの数学者ブラウアー（一九六六年没）によって創始された数学の一流派は、直観主義と言って、公理主義に対立して直観そのものを数学の必然的な発展形式だと主張する学派だと言う。

寺田寅彦は前掲書で、「科学者が大きな発見をし優れた理論を持っているのは、多くは最初に直観的にその結果を見通した後、それに達する論理を組み立てたものであり、純粋に解析的と考えられる数学の部門においてすら、実際の発展は偉大な数学者の直観に基づくことが多い。この直観は芸術家のいわゆるインスピレーションと類似のものである」とも述べている。

人の相場観はどこからくるか
——感性による初歩的形成と思考の産物と——

市場動向の見通しや、その根拠についての思考や価値観などについては、その人に固有のものが脳裡に形成されているもので、普通これを相場観と言っている。では、人の相場観はどこから生まれてくるのか。

外界の刺激に応じて感覚器官に知覚が呼び起こされることを感性と言うが、それによって体験内容が影響を受けるし、感性は人の思考や論理的推論の素材となっていく。このプロセスを毛沢東は、「人の正しい思想はどこからくるか」という論文（『実践論・矛盾論』、毛沢東著、松村一人ほか訳、岩波書店）で解説して、「感性認識が弁証法的に理性認識に発展する」と述べている。これと私の考えとは基本的にはきわめて近い。人が事物（銘柄や市場やそれの解説者などであり、自分以外のすべてのもの）に触れると感性によって感覚的に初歩的な認識を持つようになる。これが感性認識というものであり、この段階ではこれはまだ一つの相場観としては形成されていない。この段階での初歩的なおぼろげなるイメージは、それがたび重なって蓄積されると、その積み上げられた雑然とした感性認識が無意識のうちに一種のデータとして働き、頭の働きを通して一つの思想として形づくられる。確かに、初期のおぼろげなる感性認識が、それ自体は消滅して、次に市場というものに対して一つの見通しを持つに至ったり、ある価値観を持つに至るのだから、「弁証法的に」「発展する」と言ってもよいのだろう。

この相場見通しや価値観（毛沢東の言う理性認識）は、それだけではそれが正しいか否かはわからない。ではどのようにしてこれが正しいと論証されるかというと、市場の世界ではこれの「論証」というものは本当はないのだと私は思う。論証はなく実証のみがある。つまり、そこで形成された相場観を現実の市場で試みてみて結果がよかったならば、その相場観は正しかったということになる。このようにして人の思惟過程のなかでつくられてきた一つの考え方が外的事物（市場など）に接して、その正否が検証される。そして、その結果が再びその人の感性認識となって蓄積され、修正されたり補強されたりして、また次の段階の相場観へと形づくられていく。その正否が再び外的事物に接することによって検証されて、スパイラルな進展を遂げていく。

これを私は野村証券の支店次席（事実上の支店収支勘定の責任者）の頃に、「唯物論的・唯心論的・弁証法的相場観の形成プロセス」と呼んで社員たちに解説してきたが、この長たらしい呼び名は単に弁証法的相場観と略称されて大いに流行し、その名称のゆえにか、ダイナミックな営業活動によくなじんだ。その結果は、顧客の投資家に対して「これは弁証法的相場観によって選ばれた銘柄であり、タイミングでありまます」とさえ言えば、顧客は無条件でその投資勧誘に快諾するという奇妙な過熱現象を呈した。

いま考えてみると忸怩たる思いがないでもない。それは新興宗教めいた言葉の影響力の恐ろしさだったが、当時の私は、第一線の営業部隊を率いる者としてはその現象はまことに都合よく作動したものだったので、有頂天になっていたところがあった。野村証券時代の古い友人や先輩後輩にいまでもよく会うが、彼らはその頃の話をまるで私の武勇伝のごとく面白おかしく陽気に話題にする。だが、その頃の話はいま思い出すと慙愧に絶えない。

しかしながら、人の相場観はどこから生じ、どういうプロセスを通して形成されるかということについて考えると、いま述べたようなことは、私はいまでも正しいと考えている。人は最初に触れた事物によって影響を受けることは事実だ。生まれて初めてやった株式投資で大儲けするとビギナーズラックと呼ばれる誤りを必ずやるし、私のように入社三カ月後のダウ平均高値（一九六一年七月一八日の一八二九円）を大天井として、四年間の長期下げ相場で育ち、再びその高値回復までには七年間を要したという原体験を持つ元証券マンは、株はいつか必ず下がるものだという思いが一つの思想体系として形成されている。そのために大きな下げ相場では大きくケガをしたことはない。半面、一番妙味のある天井圏内の熱狂は享受し損なうというデメリットがある。逆に一九八〇年代前半入社の証券マンは一九九〇年まで下げ相場というものを知らず、平均株価が五年間で四倍になったプロセスで育った。そういう人たちの下げ相場を恐れぬ超強気を、一時は新人類相場と言って不思議がる時代もあった。

人の相場観は、まずは自分が触れた事物から生じて、それが幾つも積み重なって考え方となるのだ。そのへんの事情をよく飲み込んでおいて、私が自分の相場観形成プロセスを述べてその長短の自覚を略記したように、投資家はそれを自覚しておくべきであろう。そのうえで勇気と希望を持って細心大胆に投機する、これが投資家の真に堅持すべき態度の基本ではなかろうか。

確率の考え方は大切だ
——「当たり屋につけ」は一理あるが「ツキが回る」は単なる迷信——

金融をかじったことのある人ならたいていは知っているはずの『ロンバート街』(岩波書店)という古典中の古典となっている本がある。著者はイギリスの経済学者で経済誌記者であり、いわゆる「バジョットケース」で有名なウォーター・バジョット(一八七七年没)だ。「一国の責任ある政治家が、この国の銀行は大丈夫だと公的に述べねばならない事態が生じたら、その国の銀行は危ないのだ」というあれである。わが国でも一九九二年春の銀行株暴落のときに、バジョットの命題を知らぬ三塚博蔵相がそのとおりのことをウカツにも発言して世界中から銀行株売りを浴びてさらに暴落したケースがあった。このバジョットの言葉に、「日常生活は確率論の学校である」という名言がある。

フランスの哲学者かつ数学者のデカルト(一六五〇年没)は確率というものについてこう言っ

た。「真実であるかどうかを断定する力がない場合は、最も可能性のあるもの（確率の高いものという意、著者注）に従うべきだ」。

一方、探偵小説のルーツとされるアメリカのエドガー・アラン・ポーは『モルグ街の殺人』で、名探偵デュパンにこう言わせている。「確率論を全然やっていない人々にとっては、偶然の一致ということが実に大きな障害物になるのだ。確率論こそ、人間の数々の輝かしい研究のなかでも最も輝かしい実例となるものだ」と。

そうかと思うと、確率論に凝った少しオカシくなった頭で考えるとこういうのがある。「毎年の一シーズンに鹿狩りに一〇回行き、毎年平均六頭を獲る。よって鹿の獲れる確率は一日に〇・六頭である」というのだが、鹿が〇・六頭獲れるとはどういうことか。一日に一頭獲れるか二頭獲れるか、あるいはゼロ頭なのかであって、〇・六頭とは何か、ということになる。こんなのはまだいいほうで、「鹿狩りに行った狩人が鹿を射止めるか、鹿が狩人を射止めるか、それぞれの確率は二つのケースに一つだから、鹿が狩人を射止める確率は二分の一である」などというのはいかがだろうか。雨の降る確率が五〇％だといっても、傘を半分持って行くことはできない。期待値の計算でいくと、傘をどうしたらいいか。一本か〇本か、半分に折って五〇％分を持って行くか。確率論の初歩は「常識」から始まる、と私が四十数年前に尊敬した駿河台の予備校の数学の教師が言ったことを思い出す。

ウィンストン・チャーチル（一九六五年没）が「やり直しということができるとしたら何かやり直したいことがありますか」と聞かれたときの答えは、「モンテカルロで赤でなく黒に賭けておけばよかった」であった。ダレル・ハフというアメリカの作家で統計学者が、その著書『確率の世界—チャンスを計算する法』（国沢清典訳、講談社）で、「確率論はこの世界を理解するのに役立つ鋭敏な道具だ」と言い、イギリスの詩人ジョン・ゲイ（一七三二年没）の次のような言葉を紹介している。「君の話がうそだと思われぬよう、いつも確率を考えに入れておくことだ」と。

一方、イギリスの小説家サマセット・モーム（一九六五年没）はドストエフスキーを批判して『カラマゾフの兄弟』のイワンは確率の法則を無視するものだとなじった。ドストエフスキーは起こりそうもないことを削除しそこなったというのである。つまり、イワンは知的で上昇志向の強い、かつ思慮分別のある青年であるから、父親の死を知ったときの彼の不決断は、そのような人物に最も起こりそうもない、説明のできないことだ、というのである。

ところで、ツキがきたという「チャンス熟成の錯誤」は重要なことだから章を改めて詳述するが、確率で決まる勝負に実はツキというものはないのだ。常に、そのもの本来の持つ確率で起こり得る独立した事象なのだ。これをツキに乗るとかいうのは確率論を知らぬ者の考え方である。

一方、相場の世界で「当たり屋につけ」「曲がり屋に向かえ」と言うのは大いに一理も二理もある。これは、第1章で述べた権威をわけもなく信じ込むこととは異なるものである。「当たり屋」はすでに実績があるから当たり屋と呼ばれるのであって、その判断や行動の妥当性が市場実績というデータで裏付けられている。ゆえに、「当たり屋につけ」というのは一つの重要データを考慮せよという解釈になる。

相場の世界には過去に生じたことの記憶があり、情報の適否、判断の適否があるから、「当たり屋はまた当たる」という可能性は高い。これは確率の問題ではない。

ここで著者の命題を掲げておこう。

「サイコロで同じ目が何回か続いて出たことがあっても、サイコロには過去に生じた事象の記憶がないから、次に同じ目の出る確率は依然六分の一である。だが市場には過去に生じた事象の記憶があるから、全く同じことが生ずる確率は限りなくゼロに近い」。

「ポーカーやブリッジのルールは正確な確率計算によって成立しているが、市場のルールは私の言うところのジャングルの掟によって成立している」。

コペンハーゲン学派という物理学者たちは「確率的表現こそが自然の姿である」と言ったのに対し、かのアインシュタインは、「真実追究の一過程として確率的表現もやむを得ない」と言い、「人間の認識の完全性にまで至っていない今日では、確率あるいは統計的方法は十分に活用されなければならない」と補足している（『不確定性原理』、都筑卓司著、講談社）。ダレル・ハフは「確率についての考え方を研究することは人間を理解したり人と一緒に仕事をする際に役立ってくる」（前掲書）と、述べている。

また、ベルヌーイ（一七〇五年没）は確率論は推測の学問であると言ったし、ナポレオンも大いに認めていた数学者で天文学者のラプラス（一八二七年没）は「確率論は仮定を考えるのに役立つ」と言っていた（前掲書より）。大損して破産寸前の憂き目までいき、全体を見渡すマクロの経済学を独自に構築して、ケインズ革命とまで言われた経済学者Ｊ・Ｍ・ケインズ（一九四六年没）は、ケンブリッジの大学院で最初に真剣に取り組んで仕上げた論文が『確率論』である。

その頃、すでに彼は、株式投機・為替投機の果敢なプレーヤーだった。その彼が取り組んだ最初の大論文が確率論であったということは、彼の投機行為とあながち無関係ではない。

ところで、一シーズンに一〇回鹿狩りに行って毎年六頭平均を狩る。そうすると鹿の獲れる確率は一〇分の六である、というのを「統計的確率」と言うが、一方、「自分が鹿を射止める確率は高いが、鹿が自分を射止める確率は絶対にゼロである」というような確率を「帰納的確率」と言う。一九九〇年初頭から生じた七〇年ぶりの株式大暴落が来週生じないという論理的根拠はないが、生ずる確率はまずゼロに限りなく近いだろうというようなものも帰納的確率である。会社の帰りに鉄道事故で死なないという論理的根拠はないが、無事である確率は死ぬそれよりずっと高い、というのも帰納的確率である。

ケインズは、確率論は帰納的確率が重要であると主張した。ところで、統計的確率にせよ帰納的確率にせよ、人はある事象について自分が頭の中で想定する確率によって判断を決めるものだ。統計的に厳密に計算して成否の確率が一〇分の四と一〇分の六であっても、その数学的期待値を計算しても人は前者のほうを採ったりすることがある。こういうのを「主観確率」と呼んでおこう。そうすると、投機・投資に大切なのは主観確率なのである。主観確率は、本人の持っている情動や情報や射幸心や恐怖心によって影響を受けるものだ。

大学院時代ですでに為替・商品・株式の投機市場の果敢なプレーヤーだったケインズが確率論の論文のなかで統計的確率を退けたのは、なんとなくわかる気がする。投機家たる者、努力を積んで主観確率をこそ磨かねばならないであろう。

投機に限らず、日常生活を含めてすべては確率的状況だ。前掲のダレル・ハフは「平穏無事な日常生活だって確率の綱渡りだ。一歩誤るとそこから狂い出す」と述べている。確率的状況を賢明に処理できることこそ投機家たる者の第一歩である。そのためには、適正な情報を集めて確率法則を踏まえることが原則であろう。このプロセスを通しての「経験」によって、いわゆる「勘」が培われるのだ。

第4章

知っているつもりでも間違えやすい投資の数理

すべてを事前に読めるか
――しょせん、原子の世界だが――

知性の低い者にとって摩訶不思議な突発事に見えることであっても、確率論の考え方のわかっている人にとっては、それはある極小の確率であるにせよ起こり得る偶然の出来事だと理解できるので、少しも驚かないということがある。または、それに備えるためにすでにリスクヘッジをかけてあったなどということになる。また、例えば日蝕や月蝕が未開人にとっては驚天動地の神のなせる業に映るかもしれないが、天文学者にとっては場所と時刻まで事前に指定できる既知の事実にすぎない。そのように、驚くべき大事件が実は確率上で起こり得る偶発事にすぎなかったり、あるいは、知性の低い者にとって驚くべき突発事であっても、知性の高い人や情報の優れた人にとってはあらかじめ計算できている必然のことであったかもしれない。私は野村証券に入社して、ベテランの諸先輩が相場の変動に一喜一憂する熱気のなかにいたが、そのるつぼのなかで常に冷静（を装っている、というのが正確かもしれない）な男が二人いた。一人はその約三〇年後に、業界中堅ながら収益は大手をしのぐ勢いの証券会社の会長になり、もう一人は独立してビジネスを起こし成功している。その二人は、相場の高騰時も暴落時も常に、「おおかたこんなことだろうと思って手を打っておいたよ」とうそぶいて大混乱の只中を悠々としていたように私には見えた。

そのとき、私は思ったものだ。相場変動のすべての因子を網羅して科学的に分析して統合すれば、相場というものは必ず事前に明快にわかるものに違いないと。また、当時、立花証券の石井久社長はすべての相場を誤りなく見抜くという評判があった。そのことも、当時の私の投機学構築へ向かうアンビシャスな夢を育てるもとになった。以来、約四〇年、私は、これをいわばライフワークとして取り組んだような気があった。解明できないことは何もないのだと。

例えば、サイコロの目はイカサマなしならそれは一〇〇%偶然に支配されて、ある目の出る確率は正確に六分の一のはずだが、当時は、それを事前に計測することができるのではないかという考えにさえ取り憑かれたものだ。サイコロの質量、形状、手から投じられたときに受ける力学、落下途中で受ける空気・湿度の影響、落ち始めの角度、落下距離、板の固さ、粒子の形状、板に当たったときの部分・角度・速度、等々のすべての因子を計測できるはずだ。これをコンピュータに入れて算出すれば、何の目が出るかということは、サイコロが手を放れた瞬間に解けるはずであると。こういう考えですべての現象を考えていくとすれば、物を細かく分析していけばついには分子になり、それはさらに原子になる。原子は九二種しかないことが知られていて、それらの性質は化学の世界ですでに明らかになっている。

投機に携わる人間といえども特別ではない。その人間の頭脳も身体も、化学で明らかになっている原子で構成されているものであって、それ以外の特殊な物質などではない。また、投機の対象になる企業も、しょせん、人間がつくるものだ。人間は、いま言ったように原子だ。結局、暴騰も暴落も保合《もちあい》も、原子が集まって起こしている現象ではないか。人間の相場観、射幸心、恐怖心、すべて結局は原子の状態、電子のイオン化、それによる微弱電流などで起きている「現象」の一つだ。人間の意思も精神も相場観もすべて原子に基礎を持つ。どのような状態になっていても、それを解析すれば一つの結果がわかるはずであり、未来を読み取ることは可能である。原因と結果が人知で解けないほど複雑であっても、例えば近代経済学の立論が数学・物理学を援用することによって他の社会科学に群を抜いて分析力を持つに至ったことと同じように、原子の問題として考えてコンピュータを駆使すれば未来は少なからず明快に読めるはずだ……。

ずいぶん長い叙述になってしまったが、私は、少し大げさに言えばこのような野心を持って投機と相場というものに対してきた。この考えをいま一歩突っ込んで考えていくと、いま述べたような物理学・化学の世界から出て量子力学の世界に入ってしまい、それは「ハイゼンベルクの不確定性原理」に行ってしまう。ライプチッヒ大学教授になったハイゼンベルクは、その年の一九二七年に、位置と運動量のうちの一方をはっきりさせればさせるほど他方はそれに反比例して不確定になっていくという「不確定性原理」を提唱した。

さて、物理学者ラプラス（一八二七年没）は、あるときナポレオンから「何事をも分析するお前が神については触れないではないか」と言ってからかわれて、眉を上げ肩をそびやかして昂然と答えた。「私にとって不可能なことは何一つなく、未来のことも明鏡のごとく私の眼に映し出されるのです」と。

この引用で私が言いたかったのは「人間の英知ですべてがわかる。神のみぞ知るなどというのは英知を磨いてこなかった人の言い分だ」ということだが、その野望はとんでもないことだということが、やがて私にもわかってきた。こうわかったときから私の本当の意味での「投機学」への志向が明らかになり、地に着いた足で遅まきながら一歩を踏み出した。それ以降は、確率論を除いては物理学・数学の本から少し離れるようになったのは当然の趨勢であった。一方、確率論的な考え方がますます現実味をおびて重要となってきたのである。

だいたい、古来、ユークリット幾何学を含めて、こうすれば必ずこうなるという必然の世界はかなり古くからあって、私たちが中学校で学ぶ数学のほとんどは古代ギリシャ時代にあったものだ。それがニュートンに至って運動力学としてまとめられた。が、一方、偶然の世界の究明はかなり後年になってからだ。順列・組み合わせ・確率の理論は中世ミラノのギャンブラーだったカルダノから始まり、その後、ガリレオがこれを深め、さらにパスカル、フェルマーに引き継がれて、ナポレオンの頃にラプラスによって確率論は確立された。確率の公式に使うPはPropabilityのPであり、これもラプラスが始めた。ニュートンの運動力学（必然の数学）とともに偶然の数学は統計力学として発展し、この二つは科学を推進する力強い両輪として今日に至ったのである。

相場の天井や底の計測の仕方に「中抜きの倍返し」というのがあるが、これはもちろんニュートンの反発率と全く同じ考えに基づくものだし、三角保合《もちあい》の現実もそれである。一方、当面の天井と底の計測を黄金分割で割り出す法があるが、これも古代ギリシャ以来の最も均整のとれた割合とされる比率である。例えば、一九九八年一〇月の一万二八七九円の大底と二〇〇〇年四月の天井との黄金分割が一万五八〇〇円がらみになるが、八月四日の一万五六六七円はほぼこれを示現したものとされた。その後に上昇して、それから約二カ月後の九月二八日に再び一万五六二六円のところで抵抗した。やはり「因縁場」だったのだ（その後、抗し切れず安値を切ることになったが）。次に、確率論の重要性を例を挙げて説明しよう。

勘違いの陥穽は単純なところにこそある
――単純素朴な罠ほど恐ろしい――

サイコロの問題

深く複雑に仕組まれた罠よりも、単純素朴な罠にこそ人ははまりやすい。深く複雑な罠は、往々にしてその複雑さのゆえに意外にもろいものである。これはTVドラマの「刑事コロンボ」で、犯人の頭がよいほど、そのトリックが崩れる例でおなじみではないか。単純素朴な勘違いこそ恐ろしい結果を生む。実に、注意一秒ケガ一生というものである。いま、単純な罠の例をお目にかけよう。

甲がサイコロを投げ、次に乙がサイコロを投げたとき、甲の出した目の数字のほうが乙の出した目の数字より大きいという確率はいくらか。これは簡単で勘違いしやすい問題として有名なので『数学ゲーム』（マーチン・ガードナー著、一松信ほか訳、日経サイエンス）という本に出てくるのを紹介しようと思う。

「甲の目が乙の目よりも大きい確率は、乙が1のとき甲のほうが1より大きい確率が六分の五、乙が2のとき六分の四、乙が3のとき六分の三、乙が4のとき六分の二、乙が5のとき六分の一だから、そのいずれかの生ずる確率は（六分の五＋六分の四＋六分の三＋六分の二＋六分の一）である」などと考えたら笑われますぞ。この計算によれば、その確率の和は六分の一五となる。つまり、二五〇％の確率で甲のほうが乙より大きいなどというバカな結論になってしまうではないか。

次のように考えるのが正解である。サイコロを二つ投げて一方が他方より大きい目の出る確率は、同じ目の出る確率六分の一を一から引いた残り六分の五である。甲の投げたサイコロの目のほうが乙の投げたサイコロの目より大きい確率はその半分だから六分の五×二分の一で一二分の五である。正解は一二分の五。

「甲の次に乙がサイコロを投げて、甲の目が乙の目より大きい確率は？」と聞かれると、九割以上の人が一瞬のうちに、それは二分の一だ、半々だ、と即答する。一二分の五だと答える人は一〇人に一人もいまい。このようにして、単純なことに対してトッサに勘違いするものなのである。この単純な勘違いが株式市場のなかで行なわれると大損を招く結果になる。

碁石の問題

単純素朴な問題で実はきわめて単純な罠が仕組まれた、それだけに気をつけねばならないというのを紹介しよう。「無作為・無意識に碁石をつかんだとき、その石の数が偶数になることが多いか奇数になることが多いか？」

これは少し難しい問題だが、一見単純に見えて、答えは「同じである」と答えやすい。

それは誤りである。数の差は極小であるが、奇数になるほうが多いというのが正解である。数の差は極小である。だがその考え方が「同じである」とする人は、根本的に誤っている。というよりは何も考えていない単細胞頭脳だということになるのだ。単純単細胞の者が意外に図太く強く戦い抜くというケースは稀ではない。だが、それは投機というゲームの場で回数多く長くやり続けると必ず敗れるものだ。ここではそれを言いたい。この碁石の問題は次のように考えるのが正しい道筋である。

器の中の碁石の数はn個とする。そのなかからr個をつかむケースは、n個のなかのr個の組み合わせと考えられるので、昔懐しい高校時代の組み合わせの公式で ${}_nC_r$ である。石を取り出すケースの数Nは全部で $N = {}_nC_1 + {}_nC_2 + {}_nC_3 + \cdots\cdots + {}_nC_n$ 通りである。そのうち偶数個を取り出すケース$G = {}_nC_2 + {}_nC_4 + {}_nC_6 + \cdots\cdots$奇数個を取り出すケース$K = {}_nC_1 + {}_nC_3 + {}_nC_5 + \cdots\cdots$である。ここから先の演算は数学オタクに近いことになるので省くが、結果だけ言うと、

$$N = 2^n - 1,$$

$$G = 2^{n-1} - 1,\ K = 2^{n-1}$$

となる。ゆえに偶数となる確率は$G / N = (2^{n-1} - 1) / (2^n - 1)$、奇数となる確率は$K / N = 2^{n-1} / (2^n - 1)$である。よって$K > G$となり、奇数になる確率のほうが $1 / 2n - 1$だけ多い。わずかの差だが奇数のほうが多いことになる。

無作為に石をつかみ出すと奇数になる確率が多いことが数理上で証明できるのは、実は「0個をつかみ出すケースがないものとしている」ことを暗黙に定めているところに原因がある。

当たり前の前提ではないか。だからこそあえて明言しないのだ、となる。だが、前提がなければ、答えは偶数・奇数同じであることになり、答えは別のものになってくる。例えば信用取引の追加保証金のルールなどとか、寄り付き一秒前の注文は寄り付きに間に合わないなどは、あまりにも当たり前の前提なのであえて明言しないかもしれない。ところが、その当たり前の前提があるために別の結果になることがある。

カジノのルールに何が言われているかを注意深くみると同時に、何が言われてないかということにも注意を払っているべきである。

こんな勘違いをしていないか
——投機に向かないウカツな思考の例——

三分の二の確率で損しますぞ

二銘柄に投資して一銘柄が成功したとき、あとの一銘柄が失敗する確率はいくらか？

投資の成功と失敗というものの定義、などという余計なことを考える必要のない問題である。成否という事実だけでよいとする。ただし、簡略化のために、成功・失敗のそれぞれの確率は二分の一とする。このとき、一銘柄が成功した。さてあとの一銘柄の失敗の確率はと問われると、とっさに二分の一と答えはしないか。そういうウカツな人は投機には向かない。正解は三分の二である。あとの一銘柄は三分の二の確率で失敗しますぞ。

	一銘柄	他の銘柄
ケース1	成	成
ケース2	成	失
ケース3	失	成
ケース4	失	失

というのは、次のように考えるとよくわかる。この二銘柄に起き得るすべての組み合わせを網羅すると上の表のようになる。

起こり得るケースはこれですべてである。いま、一銘柄が成功したことがわかっている。したがって、ケース4は削除されて、ケース1、2、3のいずれかが起こることになる。この三つのケースのうちの「失」が出るのはケース2と3である。三つのケースのうち二つのケースが生じ得るのだから、その確率は三分の二となるのである。ウカツに二分の一と答える人はさっさとカジノを去るに如かずである。

確率の和で起こることを勝手に不思議がる

確率の和を確率の積と勘違いすることはよくある。この結果、当たり前に起きることを不思議なことと思い込む。わかりやすく言えばこういうことだ。

二分の一の確率で起こる現象と、他の二分の一の確率で起こる現象とのどちらか一方が起こる確率は二分の一＋二分の一であるから一〇〇％である。「確率の和」の世界である。つまり、どちらかが必ず起こる。にもかかわらずこれを二分の一×二分の一で四分の一の確率だと思い込むのだ。「確率の積」と思い込む。甲銘柄の上がる確率は二分の一、下がる確率も二分の一とする。乙銘柄が上がる確率も同じように二分の一（下がる確率も二分の一）とする。すると、このとき甲か乙かどっちかが上がるか下がるかする確率は一〇〇％なのである。これを言い当てるのは一〇〇％の確率で当たることになるのだが、人は甲乙どちらも上がる確率またはどちらも下がる確率と混同し、四分の一の確率と思い込む。すなわち、確率の和（二分の一＋二分の一＝一）を確率の積（二分の一×二分の一＝四分の一）と思い込む。

よくこういう例が引かれる。ある集団があって、そのなかの誰か二人が誕生日が同じということが起こる確率はどうか。三五人の集団であると、実に八五％の確率で誕生日が同じというペアが生ずるのだ。パーティでたまたま同じ誕生日の人がいたといってびっくりして話題になることがあるが、こんなのは少しも驚くには値しないことなのである。

「二五人のパーティの参加者のなかの誰か二人の誕生日が同じであるということが起こる確率は？」となると、そんな偶然はめったにあることではない、おそらく三六五分の一ぐらいか、などと考えてしまう人がいるし、そうでなくとも三六五分の二五で約八％だなどと考えてしまう。とんでもないことだ。

ほとんど常にあり得るというのが正解なのだ。ある特定の人が他のある人と同じ誕生日のペアとなる確率は三六五分の一しかないということは誰もすぐ気がつくが、二五人の人からは三〇〇組の組み合わせができることについて考えることを忘れてしまうのである。たいして難しい数学ではない。昔懐かしい高校時代の公式を持ち出して、n人のなかからr人を取ってできる組み合わせの数 ${}_nC_r$ は

$$ {}_nC_r = \frac{{}_nP_r}{r!} = \frac{n(n-1)\cdots(n-r+1)}{r!} $$

ではなかったか。そうすると二五人のなかから二人をとってできる組み合わせは

$$_{25}C_2 = \frac{25 \times (25-2+1)}{2\times 1} = 300$$

となるではないか。そうすると

$$\frac{300}{365} \times \frac{300}{365} = 0.675$$

となる。

つまり、二五人のパーティのなかで同じ誕生日のペアができる確率は、なんと七割近くになるのではないか。こういう当たり前すぎることが生じると、いかにもめったにない偶然のことのように勘違いするのだ。

市場におけるアクシデントは、たいていの場合「めったにない偶然」ではないのだ。ひょっとしたら、はじめから七割近くは起こり得ることではなかったのか。

一見不思議な偶然の一致が、統計学的に見れば少しも偶然でもないし、不思議でもないということになる。古代ギリシャには必然の数学のみあって、偶然の数学（確率論）は聞かないが、その頃から「ありそうもないことはきわめてあり得ることなのだ」という諺があったという。偶然のアクシデントの生ずる確率はかなり小さいものであっても、それぞれの確率の和は一〇〇％近くになってしまう。それにもかかわらず、偶発のアクシデントの確率は小さいものと思い込むのは、確率の和を確率の積と思い込むからだ。

アメリカ大統領の施政方針演説によって日本株が暴落する、ということが起こる確率が三分の一であったとする。イギリス首相のそれによって日本株が暴落する確率は六分の一であったとする。例えば、一九六三年夏のケネディ大統領の金利平衡税新設発表による「ケネディ・ショック」、一九六七年秋のイギリスのポンド切り下げ声明による「ポンド・ショック」、一九七一年のニクソン声明による「ニクソン・ショック」など。このとき米英の最高首脳の意思表明による日本株の暴落の可能性は三分の一＋六分の一＝六分の三、すなわち五〇％の確率で起こり得るぞということになる。

これを人はよく、三分の一×六分の一＝一八分の一であると勘違いして、「アメリカ、イギリスの政策発表によって日本株の暴落する可能性は一〇に一つもない」などと思い込んで、結果は裏切られることになる。いずれか一つが起こるという「確率の和」と、いずれとも同時に両方起こるという「確率の積」とを混同していると、いつも大損をしますぞ。

自分勝手な選択肢をとる

風が吹けば桶屋が儲かるというのは、あることが引き起こす結果が幾つもあるのに、そのなかのたった一つを勝手に選択して、それが引き起こす次の現象、そのまた次の現象という連鎖を多くの選択肢のなかから自分の都合のよい一つを勝手に採って結論を求めていくと、風が吹けば確かに桶屋が儲かることにはなる。

実際には、風が吹けばほこりが立つという現象以外に一〇も二〇もの現象が起こる。仮にそれぞれ一〇の現象が生じたとしても、そのなかの一つ「ほこりが立つ」は一〇分の一の選択であり、ほこりが立てば人が盲目になるというのは、ほこりが立った結果生ずる現象のなかの一つにすぎず、その次の人が盲目になるという確率を一〇分の一として、この二つの選択肢を勝手に選んだだけで、すでに一〇分の一のそのまた一〇分の一、つまり一〇〇分の一の確率となってしまう。このあと、その盲人は三味線を引くという職業選択も一〇分の一であり、ゆえにこれで一〇〇〇分の一の確率になってしまう。だから、風が吹けば桶屋が儲かる確率は、確かに何十万分の一かの確率で起こり得ることではあろうが、この自分勝手な選択肢の連鎖は思わぬ結論を引き出してしまうことになるのである。「ＯＰＥＣが原油値上がりを目論む→減産する→油田機械に遊休が生ずる→機械油が余る→油の需要が減る→油の値段が下がる」というように「ＯＰＥＣが原油値上がりを目論むと油の値段が下がる」という連鎖をつくることも強弁できる。さて、自分の推論の連鎖は正しいかどうか。

中世貴族が破産した恐ろしい勘違い
――「チャンス熟成の錯誤」――

ツキが回る、ツキがきた、というタイミングがある。人や自分自身を励ますために用いるのは大いに結構だが、実際にはツキというものはないのだ。すべては確率論的に現れる事象の一つにすぎない。

「丁半バクチで記録をつけていたら、直近一〇〇回の勝負で丁が六〇回出た。平均の法則で言えば一二〇回の勝負で丁が六〇回出るのだから、あと二〇回は半しか出ないことになる。ツキがきた。半に賭けて二〇連勝だ」などというのは「チャンス熟成の錯誤」として知られる初歩的な誤りである。サイコロ（ルーレットと言ってもよい。花札と言ってもよい）は過去の記憶を持っていないのだから、いまから先に生ずることは過去に起きたことと関係なく、正確に確率二分の一なのだ。あくまで五分五分の確率であって、無限大に繰り返せば、イカサマでない限り、必ず丁半は五分五分になる。常に一回一回が五分五分なのである。過去の記憶を持っていない事象は過去の結果に影響されないのだ。

全く偶然に丁が半を制して連続一〇回ぐらい出ることもごく稀にはあるだろうが、その確率は二の一〇乗分の一であって、そういう稀な事象が生じたというだけのことであって、一一回目に丁が出る確率は依然として五分五分なのだ。

このことを知らないために起きた、次のような有名な事実がある。一七世紀フランスに貴族のド・メレという有名なギャンブラーがいた。彼はサイコロ勝負で負け続けたので、哲学者兼数学者のパスカルに手紙で問い合わせた。もともと確率論はその二〇〇年前にミラノの医師で数学者でギャンブラーのカルダノという男が始めたのだが、メレのこのパスカル宛の手紙は一七世紀の確率論のキッカケとなった。パスカルは同時代のフェルマー（いわゆる「フェルマーの定理」で有名）と一緒にそれを考えた。

サイコロで1の目の出る確率は六分の一であることは、メレにもわかっていたが、三回投げて

1が一回も出ないときに四回目に1が出る確率を六分の三だと勘違いした。サイコロは一回目から三回目までの出た目の記憶を持たない。ゆえに、1の目の出る確率は常に六分の一なのだ。それを察しなかったド・メレはついに一六五四年に破産した。パスカルはフェルマーへの手紙に「悲しいかなメレはいい奴だったが、数学を知らなかったから」と書いた（ダレル・ハフ『確率の世界』）。サイコロもルーレットも過去の事象の記憶を持たないから、過去にどんな極端な異変が起きても、これからの毎回の確率は六分の一であり、二分の一なのだ。

ところが、市場は過去に生じたことの記憶を持っている。これが罫線（チャート）であるが、これについては章を変えて詳しく述べることとする。ともかく、過去の記憶のない事象は過去どんな片寄ったことが起こっても、次の確率は常にその事象の持つ本来の確率で現れると考えるべきなのだ。

「モンテカルロの一九一三年八月一八日」という有名な事実がある。いま述べたことを知らなかったモンテカルロのカジノ紳士淑女が騒然たるハプニングに陥って、カジノは大儲けした。カジノのルーレットが全く偶然に二六回続けて黒を出したのだ。カジノにストップ高のルールがないものとして、ゲームの初回に一〇万円賭け、そのまま二六回賭け続けると、六億七〇〇〇万円になったはずなのだ。だが、実際にその場にいた人々は一五回続けて黒が出た後、どっとばかりに赤に賭けた。過去一五回連続して黒だから一六回目以降は赤だ、と「平均の法則」を誤ったのだ。一〇万円ずつ賭けた人は「チャンス熟成」（ツキがきた）として二〇万円、三〇万円と賭けた。黒が二〇回出たときは全員が二一回目は赤だと決めて賭け金を何倍にもした。おかげでモンテカルロのカジノは大儲けしたのである。

繰り返すが、ルーレットには過去の記憶がない。サイコロにも過去の記憶はない。だから、いまから起こる事象は、過去がどうであっても五分五分なのだ。この話は女優だったグレース・ケリーがモナコ公国の公妃となる四〇年以上前の話で、いまは知る人も少ないが、われわれは勘違いから生ずるエセ数理に取り憑かれてはならないことを言いたいために紹介した。

ところが、市場は過去の記憶を持つのだから、「過去に生じたことと無関係に今後の確率が何々だ」など言ったら、そういう人はルーレットやサイコロではほどほどに楽しめるかもしれないが、投機にも投資にも向かない。ほどほどに楽しめると述べたが、それは「いつやめるかを知ってる者は天才である」という、おそらく女性との付き合い方について述べたのであろうと言われるゲーテの格言をカジノで実行できる人にのみ当てはまる。

昔、イギリスのチャールズ・シャガーズという技師が、ルーレットの板に些細なキズを発見して賭けの結果を当て、一〇万ドル儲けたというが、これは水準器などの道具を駆使して毎回毎日、克明にすべての文字盤を調べた結果なのだ。大儲けの裏に隠れた努力の積み重ねがあるということを銘記したい。そして、机上で株の研究をしている時間には損はしない（市場に出ないのだから）。ルーレット盤の調査をしている時間は損をしない（賭けないのだから）。

カルダノという賭博師で数学者は言った。「ギャンブルで損をしない最も確実な方法はギャンブルをしないことだ」。

裏の裏を読めば表になるのか
――シャーロック・ホームズの「最後の問題」と「鞍点《あんてん》」――

人の行く裏に道あり花の山、などという句がよく株式投資の話に出てくることがあり、裏のそのまた裏を読めば表となるのだから、一般論で考えられているとおりでよいのではないかなどと話題になる。剣道に「先々《せんせん》の先《せん》」という考え方と技法がある。表技《おもてわざ》である。相手はこちらの先《せん》を取ろうとするから、そう考える相手のまた先を取る、そうすると相手はそう考える当方の先を取ろうとするから、本当に先を取ろうとするときは「先々の先」を取れということになるのだ。

プリンストン大学の経済学者オスカー・モルゲンシュタインという人とコンピュータ製作に功績の大きかったジョン・フォイ・ノイマン（一九五七年没）という著名な数学者が共著で『ゲームの理論と経済行動』（銀林浩ほか監訳、東京図書）を著した。ノイマンは二〇世紀の代表的数学者で、量子力学に数学理論を導入して物理学にも貢献した。同書は人の思惑という曖昧な世界に数学的・合理的基準を導入した厖大な著述であるが、これは駆け引きの考え方の数学理論化と言ってもよい。彼らは「社会経済の参加者（投機市場のプレーヤーと解してもよい）に合理的行動を明白にするような数学的に完全な原理」を解明しようとしたのだ。

この理論は一九五〇年代後半、私の学生時代にはすでにあり、私は野村証券の本店営業部に配属されたあと、市場の駆け引きを完全に解いていれば兜町で苦労をしないで顧客を増やせるというずいぶんアンビシャスな探究を試みた、思い出の深い著作である。そのアンビシャスな狙いはこの本ではとても満たされないことがすぐわかったが（その理由は章をあらためて述べる）、この『ゲームの理論と経済行動』は大いに参考にはなるし、投機家が道具として用いるに足るものではある。

同書で、ノイマンとモルゲンシュタインは、シャーロック・ホームズと悪の天才モリアティ博士の駆け引きをゲームの理論によって分析している。いまでもロンドン・ベーカー街の地下鉄駅の壁面タイルはホームズの横顔の図柄だが、プラットホームのすぐそばに「モリアティ」という名の喫茶店がある（一九九〇年五月、私が行ったときにはまだあった）。さて、モリアティがホームズを殺そうと企てると、生命の危険を知ったホームズはロンドンからヨーロッパ大陸への脱出を考え、ロンドン駅からドーバー行きの急行列車に乗車する。汽車が駅を出たときモリアティがプラットホームに来て、ホームズがその汽車に乗ったのを見た。ホームズも、モリアティが自分を見たことを知った。ホームズはモリアティがドーバーへ特急で先回りするに違いないと考え、自分の乗った列車が途中一回だけカンタベリー駅で停車するのを利用して、カンタベリーで途中下車すべきか、それともドーバーへ直行すべきか考えた。「頭のいいモリアティのことだから、ホームズが途中のカンタベリーで下車してしまうことを考えて彼もカンタベリーで下車して私を殺すだろう。だから、その裏を考えて私はドーバーまで直行しよう」と。

一方、モリアティは、「ホームズは私の裏をかくつもりでカンタベリー駅で途中下車すると見せかけてドーバーまで直行するに違いないから、自分もドーバーまで直行しよう」と考えた。するとホームズは、裏の裏のまた裏をかくのがいいと考えて途中下車すべきだと考える。すると敵もまた同様に考えるに違いない。以下、このように裏の裏の裏の……と際限がない。これは、ホームズ・シリーズの「最後の問題」という話である。

この問題はゲームの理論で考えることができるものであるが、作者のコナン・ドイルは次のように解決している。すなわち、ホームズは友人ワトスンと一緒にカンタベリー駅で途中下車して物陰に隠れると、モリアティの乗った特急は同駅を通過してドーバーへ直行してしまうので、ホームズは殺されずに済んだのである。ノイマンとモルゲンシュタインはこれをゲームの理論によって分析し、その結果は、コナン・ドイルの原作の結末と同じになった。コナン・ドイルの頭の中にモルゲンシュタインとノイマンの理論はなかったはずだが（ゲームの理論の一〇〇年近く前の著作だから）、奇しくも結論は同じであった。

この詳細は他の多くの良書に譲るとして、簡単に述べると以下のようになる。こういう問題には長方形ゲームという型があって、清算行列と呼ばれる数表ができ、そこから最適の解が求められることになっている。長方形の数表の横列を「行」、縦列を「列」と呼ぶが、行の最小値が列の最大値と合致しているマス目が存在するとき、このような箇所を「清算行列の鞍点《あんてん》」と言う。

マックスミンの手法、ミニマックスの手法というのは、このやり方で解を求める。こういう問題が解決されるのは、行（横列）の最小値が列（縦列）の最大値に一致している箇所が存在するからである。これは「清算行列が鞍点を持つからだ」ということになる。そしてプレーヤーが決まった手しか選ぶことができない場合に、この駆け引きを純粋方略と言う。ここに挙げたホーム

ホームズ ＼ モリアティ	Ⅰ（直行）	Ⅱ（途中下車）
Ⅰ（直行）	100	0
Ⅱ（途中下車）	−50	100

ズ対モリアティの問題は、まさしく純粋方略であるが、これを長方形ゲームの清算行列をつくって考えるとどうなるか。

Ⅰを直行の方略、Ⅱを途中下車の方略とし、両者が出会うとホームズは殺されてモリアティの勝ちとなるので、モリアティの得点を一〇〇とする。方略がⅡ－Ⅰのとき（モリアティ途中下車、ホームズ直行で大陸へ逃げてしまったとき）、モリアティのマイナス五〇とする。またモリアティ直行、ホームズ途中下車のとき、引き分けとして得点ゼロとする。なぜ引き分けにするかというと、モリアティはホームズに会えないから目的を達せられないし、ホームズも途中下車だから大陸へ逃げるという目的を達せられないからだ。

この表では、横列の最小値が縦列の最大値と合致したマス目がないので「鞍点がない」ということになる。清算行列が鞍点を持たないものには正しい解は存在しないことが知られている。

ゆえに、ホームズ対モリアティの問題には最適の解は存在しない。と、こう言うのが正解である。だが、先に私は、モルゲンシュタインとノイマンはコナン・ドイルの原作と同じ結論を出したと言った。彼らはこの問題を確率論で解いたのだ。詳しい説明は省くが、コナン・ドイルはゲームの理論での解を先見していた結果になった。

どっちの株が上がるか
——年間一五億円増益の会社と半期五億円増益の会社——

「同じ利益規模の会社で、A社は一期（一年）に一五億円利益を伸ばし、B社は半期（半年）に五億円しか利益が伸びない。どちらの株が高いか」と聞かれると、A社のほうが高いととっさに答えてしまう人は多い。果たしてそうか。そう答えた人は、何度投資しても失敗する。基本的にモノの考え方が投資に向いていないのだ。詳しく説明しよう。

企業は定差数列でしか成長しないという説がある。「気がつけばそれは定差数列」と言って、成長率は、率としてはだんだん鈍化するのであって、努力したあげくに達するのは定差数列的に伸び幅が（伸び率ではなく）定まってしまうというのだ。その説の適否はともかくとして、いま仮に、ここに二〇〇億円の税引利益をあげるA社が毎年一五億円ずつ利益を伸ばしていくという事業計画を立てていて、それが向こう四年ぐらいは実現しそうである。一方B社のほうは、これも税引利益二〇〇億円（半年に一〇〇億円ずつ）であり、Aと同業種であるが半年ごとに五億円ずつ利益を伸ばしていくという事業計画を立てていて、それも向こう四年ぐらいは実現しそうである。問題点に焦点を当てるため考え方を簡略化するとして、その経営能力や業界内の力関係などにはAB両社に差はないものとする。不測の事態や天災・人災もないものとする。

さて、四年間投資するとして（いま買ったA社、B社の株を四年間持続するとして）、両社とも株価が同じとすればどちらの株を買うほうが賢明か。繰り返すが両社とも年間二〇〇億円の経常利益をあげる。そしてA社は一期に一五億円ずつ、B社は半期に五億円ずつ利益成長するのだ。株価が同じならどちらを買うべきか。なんと四年後にはB社のほうが伸びているのだから、B社を買えというのが正解である。簡単な算数の問題である。なぜなら、A社の株価が一〇〇〇円なら、現在のB社の株価は一一〇〇円が理論値としては正しいとなるのだ。そのわけを述べよう。

A社の税引利益
一年後　二〇〇億円+一五億円=二一五億円
二年後　二一五億円+一五億円=二三〇億円
三年後　二三〇億円+一五億円=二四五億円
四年後　二四五億円+一五億円=二六〇億円

B社の税引利益
半年後　(一〇〇億円+五億円)+(一〇五億円+五億円)=二一五億円
一年後　(一一〇億円+〇億円)+(一一〇億円+五億円)=二二五億円
一年半後　(一一五億円+〇億円)+(一一五億円+五億円)=二三五億円
二年後　(一二〇億円+〇億円)+(一二〇億円+五億円)=二四五億円
二年半後　(一二五億円+〇億円)+(一二五億円+五億円)=二五五億円
三年後　(一三〇億円+〇億円)+(一三〇億円+五億円)=二六五億円

三年半後　（一三五億円＋〇億円）＋（一三五億円＋五億円）＝二七五億円
四年後　（一四〇億円＋〇億円）＋（一四〇億円＋五億円）＝二八五億円

A、B両社とも同じPERで買って四年後までの利益成長を織り込む、すなわちGPER（Grouth-PER）の考え方でいくと、A社のいまの株価が一〇〇〇円なら、B社のいまの株価は約一一〇〇円でよいことになる（一〇〇〇×二六〇分の二八五≒一一〇〇であるから。もちろん、簡略化のために両社の発行株数は同じとする）。

言い回しの錯誤
――言葉の論理の怪――

誤りない推論をするためには基礎的な論理学が要る。これは古代ギリシャの頃からすでにあったもので、すべての推論の出発点となるから、古典的な論理学のなかには必ず正しい推論規則について述べられているものだ。大学の教養課程で論理学をやった人は、誤謬論・詭弁論などを習ったことをご記憶だろう。基本的な推論規則を頭に入れておかないと、ついうっかり誤りを犯してしまうものだ。ある簡単な命題を例にとって考えてみることにしたい。なお命題という言葉をよく使命とか命令とかいう意味に誤用される場合が多いが、正しくは「ある考えを述べた文章」のことであり、ただ文章と言ってもよい。

いま、「増益ならば株価は上がる」という命題が真（常に正しい）としよう。この命題について「増益でなければ株価は上がらない」と言い換えるとこれを命題の裏と言い、「裏は必ずしも真ならず」という公式が正しいことが知られている。もっとわかりやすい例で言えば、「人ならば動物である（真）」→この命題の裏は「人でなければ動物ではない」。これは真の場合もあり、真ならざる場合もある。ゆえに必ずしも真ならずとなる。

また、「増益ならば株価は上がる」を「株価が上がるのは増益だからだ」と言い換えることを「命題の逆」と言い、「逆は必ずしも真ならず」という公式が正しいことが知られている。同様に、「人ならば動物である（真）」→この命題の逆は「動物ならば人である」。これは真の場合もあり真ならざる場合もある。ゆえに必ずしも真ならず。さらに、「増益ならば株価は上がる」という命題が真ならば「株価が上がらないのは増益ではないからだ」と言い換えるのを命題の対遇と言い、「対遇は必ず真である」という公式が正しいことが知られている。「人ならば動物である（真）」→この命題の対遇は「動物でなければ人ではない」。これは必ず真。

整理してみよう。

- ・AはBである（命題）—これを真とする
- ・非Aは非Bである（裏）——裏は必ずしも真ならず
- ・BはAである（逆）——逆は必ずしも真ならず
- ・非Bは非Aである（対遇）—対遇は必ず真である

という公式が正しいということが、古代ギリシャ以来、知られているのである。

さて、いま、「金がないから株を売却する」を真とすると、その対偶は「株を売却しないから金がある」となり、論理学の公式から言って、これは真となる。売らないでどうして金になるのか、明らかに内容的におかしい。別の例で言おう。「規制がないなら行き過ぎが起こる」を真とすると、この対偶は「行き過ぎが起こらないと規制がある」となり、これも公式から言えば真となる。だが、これが真というのは明らかに文章の内容としておかしい。これは次のことが原因である。株を売却したからその後に金になる、また、規制は市場が行き過ぎたから然る後に出る、という時間的順序を持った因果関係にあるものを、その時間的順序をなくした命題を最初に設定したからである。「人ならば動物である」の「ならば」には時間的順序がない。常に真である。時間的順序のある命題の、裏・逆・対遇については、よほど気をつけないと、無意識のうちに脳裡に入り込み、人の判断を狂わす因となる。

このことに無頓着な評論家たちの言説はよくあるので、突き進めていくと論理的に矛盾してしまうことがよくある。二〇〇〇年八月に日銀がゼロ金利解除の決定をしたら株価は上がらなかった。これは事実だからこの命題を真としよう。そうするとこの命題の対遇は「株価が上がればゼロ金利解除の決定をしない」となり、ヘンな命題になってしまう。しからば古代ギリシャの論理学以来知られている「命題の対遇は必ず真なり」という公式は誤りなのか。そうではない。先に述べたように、「ゼロ金利解除決定をしたら然る後の株価は……」という時間的順序のある命題だからである。

もっと単純な誤りの例を引くと、「二〇〇〇年八月のゼロ金利解除の日銀の決定はあれだけ論争があったのに株式市場も為替市場も全然反応しなかった」と言う。これは因果の関係の公式（因果律と言う）を無視しているのだ。「あれだけ論争があったのに」ではなく「あれだけ論争があったから（市場との対話が事前になされていて、あるいは、市場が織り込んでいて）」と表現するのが正しい。いずれも言葉のうえの数理の公式（論理）を踏まえていない表現からくる誤りであるが、人はこの誤りによって判断を誤導されることがしばしばある。

分散投資は低リスクか
――四銘柄分散より二銘柄分散のほうが安全だと断言できるとき――

まず、ベルヌーイのケースについて述べなければならない。スイスにベルヌーイ家というのがあって、昔から多くの逸材を一族から輩出した。その一人、一八世紀に出たダニエル・ベルヌーイは数学者、物理学者として有名な、あのベルヌーイである。われわれはどこかで、しばしばこの名に遭遇したはずだ。そう、高校の物理学で飛行機の揚力の話のとき、あるいは流体力学のとき、「ベルヌーイの定理」として出てきた、かのベルヌーイである。

ここに「ベルヌーイのケース」と呼ばれているものがある。これを使って、五回やって三回儲ける確率はどうか、などという計算を前著『投機学入門』でやった。答えは三一％しかないことになる。成功する確率Pと失敗する確率 qとがあって、その二つ以外にはないとすると、二つの確率を足すと一になる。すなわち、P ＋ q ＝ 1である。これをベルヌーイのケースと言う。ベルヌーイのケースを何度も続けて行なったとき、順列は問わないとして、n回のうち成功した回数がk回になるような確率は次の公式で計算できることが知られている。

$$P(k;n,p) = {}_nC_k P^k q^{n-k}$$

これを用いると、五回やって三回成功する確率などという問題が簡単に解けるし、多くの銘柄に分散して投資したほうが安全か、二銘柄分散だけにしておいたほうがいいのではないかなどの問題を考えることができる。いくつかの銘柄を組み合わせて運用し安全を図ろうとするとき、これをファンドと呼ぶとする。いま、各銘柄を同金額ずつ組み込んだとしてファンド中の銘柄が下落する確率は各銘柄とも同じだと仮定し、そのファンドが順調に運用できるのは半数以上の銘柄が下落しないときであるとする。一般に、二銘柄組み合わせのファンドより四銘柄組み合わせのほうが安全であるが、その逆に二銘柄のほうが安全である場合はないか。

答えはこうである。「各銘柄の下落する確率が三分の一より大きいと二銘柄のほうが四銘柄より安全で、下落の確率が三分の一より小さいと四銘柄のほうが二銘柄より安全である」ということになる。それは組み合わせCと確率の公式で計算される。こういうときn個の銘柄を組み入れたファンドでk個の銘柄が順調（下落しない）でいる確率P（k；n, p）は次の公式で得られることが知られている。

$$P(k;n,p) = {}_nC_k p^k q^{n-k}$$

n個の銘柄を組み入れたファンドでk個の銘柄が下落する確率 $Q(k;n,q)$ は次の公式で得られることがわかっている。

$$Q(k;n,p) = {}_nC_k q^k p^{n-k}$$

したがって、二銘柄のとき一個以上が順調にいっている確率 P_1 は

$$P_1 = P(2;2,p) + P(1;2,p)$$
$$= 1 - Q(2;2,q) = 1 - q^2$$

四銘柄のとき、二銘柄以上が順調にいく確率 P_2 は

$$P_2 = P(4;4,p) + P(3;4,p) + P(2;4,p)$$
$$= 1 - Q(3;4,q) - Q(4;4,q)$$
$$= 1 - 4q^3(1-q) - q^4$$
$$= 1 - 4q^3 + 3q^4$$

二銘柄のほうが四銘柄より安全なとき、すなわち $P_1 > P_2$ になるのは前記の計算より $1 - q^2 > 1 - 4q^3 + 3q^4$ となるときの q である。この q を解くと $3/1 < q < 1$ となる。

この計算の結果、次のことが言える。すなわち、一般に多数の銘柄に分散投資するほうがリスクが分散されて安全だと考えられていて、それは事実であるが、二銘柄と四銘柄の場合について言えば、下落の確率が三分の一より大きいと二銘柄のほうが四銘柄より安全で、下落の確率が三

分の一より小さいと四銘柄のほうが二銘柄より安全だということになる。途中の計算はさておいても、この結論だけ覚えておけば何かと便利である。

平行線は二点で交わる
――シンクタンクの経済予測が当たらないわけ――

平行線は必ず二点で交わる。われわれは平行線は交わらないことを知っていて、高校の数学でそれの証明方法として帰謬法（背理法）というやり方を習った。ある命題を否定してみて、その否定を真とすれば、そこから不条理な結論が出てくることを明らかにすることによって、もともとの命題が真であることが証明されたとする間接証明法である。平行線は交わらないという命題は、帰謬法の学習のために使われるぐらいに初歩的な命題だった。純情な私はその論理展開の先人の知恵に舌を巻いたものだ。

だが、その後、平行線は二点で交わることを知った。平行線の一つの定義は、ある直線に対して同じ角度で交わる二本の直線である。ある直線が赤道であった場合、東経一度の直線と東経二度の直線は両方ともが赤道に同じ角度（この場合九〇度）で交わる。ゆえに、平行線の定義からして、東経一度と東経二度の直線は平行である。ところが、この二本の平行線は南極と北極で交わる。つまり、平行線は二点で交わる。したがって、「交わらない」というのは「平面上では」と言わなければいけないのだ。ところが平面といってもそれは球面の微分値にすぎないのではないか。では平行線を積分すれば二点で交わるのか、という論理も出てくるのではないか。

二〇〇〇年以上も前に、ユークリッドは、平面をどんどん広げていけばそれは地球という球体の表面になることを知らなかったし、微分、積分の概念はそれから二〇〇〇年以上もあとのニュートンに至って初めて出てきたものだ。だから、平行線は交わらないなどと当たり前のことのように言っていても、実はそれは「二〇〇〇年以上も前のユークリッドの時代で、地球が球体であることも考えずに、微積分の概念も知らずに、単純にある限られた平面上だけのことで」という条件がついていなければならない。また、aχ=bのχを解けと言われても、aもbもともにゼロの場合はこのχの値は無数に存在するし、aがゼロでbがゼロでないときはこの方程式を満たすχは存在しない。ただaがゼロでないときにのみχ=b/aという解がある。aがゼロでないという条件がついているときにのみ言えることである。何でもかんでも、だいたいのことは条件つきであると思うほうがいい。近代経済学の思考方法は「条件に変化なかりせば、次の推論が成り立つ」というものだ。シンクタンクの経済予測が当たらないのは、この前提条件がどんどん変わってしまうからだ。

私は前著『投機学入門』で、シンクタンクの経済予測は当たるかと題して、おおかたは当たらないものだということを少し例を挙げて述べた。GDP成長率の予測を例にとろう。一九八九～九八年の一〇年間のGDPの実質成長率を平均すると一・九四%である。これに対して著名な二〇のシンクタンクと著名な一〇人のエコノミストの平均誤差は一・八%である。一・九%のものを予測するのに一・八%の誤差があったということは、実数の一〇〇%近い数字のブレがあるということになるのだ。

経済予測には必ず前提条件がつく。二〇〇〇年一〇月初めに日本経済新聞社が行なった景気討論会でも、日本経済研究センターの八代尚宏理事長が「景気は今後一〜二年は上昇を続けるだろう」と言っているが、これには「世界経済が大きく転換しない限り」と前提条件がついた。東大の伊東元茂教授は「(景気は)しばらく持続するだろう」と見通したが、これにも「原油価格の問題が深刻でなければ」という前提条件がつく(日本経済新聞、二〇〇〇年一〇月五日付)。したがって、前提条件が変わったら直ちにその予測は捨てなければならない。シンクタンクの経済予測が当たらないのは当然である。

一九九九年度GDP成長率について、大手生保系の某総研の誤差率は二〇〇%を超える。しかもプラスとマイナスの逆方向にである。某大手銀行の著名エコノミストの予測は、これまたプラスマイナス逆方向に三〇〇%にもなったが平気ですましていた。この誤差は、マイナスの誤差もあるので、プラスマイナス全部足すと意味がなくなる。そこで全部プラスに置き換えるために二乗してその平方根を求め、「平均平方誤差」を求める。

これだけ誤差の大きいわけはおおむね次の四つによる。
①経済企画庁の景気動向指数の一致指標(景気とともに動き、景気の実感を表わす)の一一項目は製造業の比重が高い。だから製造業以外に属する人々の景況感とズレることになる。
②正誤がわかるのは、すでに過ぎ去って何カ月も経たあとだから実感がない。その頃になれば皆は現状と将来のことばかり気になって、何カ月も前のことなど実感がない。

③シンクタンクやエコノミストの予測は、前提が幾つもあっての予測である。その前提が崩れれば将棋倒しに予測理論プロセスが崩れて、結果が変わる。そうなったとき、そのシンクタンクやエコノミストはその前提が違った理由を述べ、その説明に終始するが、その説明力はかなりのものなので皆は納得する。

④エコノミストと称される人々はその出身母体の影響を受けるので、例えば日銀が誤ると日銀出身のエコノミストも誤るということが多い。

だいたい、以上列挙したことが当たらない理由であり、かつ当たらなくともシンクタンクやエコノミストの予測が存続する理由である。一九九九年八月にダイヤモンド社から『予測ビジネスで儲ける人々』（ウィリアム・シャーデン著、森孝恵訳）という本が出た。そのサブタイトルは「すべての予測は予測はずれに終わる」というのである。そして、過去三〇年間の経済政策の最大の誤りの一つは予測能力の過大視だという。予測としてアテになるのは一日先の天気予報だけだという。

平面上においては、という条件（二次元の世界）が地球の球面のように立体（三次元）になってしまうと、たちまちユークリッド以来の「平行線は交わらない」は誤りとなって、必ず二点で交叉することになってしまう。このように、条件が変わるとすべてが変わってしまう。「条件に変化なかりせば」という仮定が必ずつくのである。いま挙げた四つの原因のうちの③に相当する。だからわれわれは、すべての経済予測を見るうえにおいて、必ずその前提としたものをよく踏まえておいて、その前提が変わったら直ちに、その経済予測を捨て去らねばならない。万年弱気の某銀行系シンクタンクのようなのが長期下降相場には当たることになるし、万年強気の著名エコノミストが上昇傾向のときは当たりに当たることとなるが、こういうのを兜町では「壊れて止まっている時計も一日に二度は正刻を指す」と言ってきた。

だが、経済予測としてよく当たってきたものは少なくとも三つ厳存する。先行指標として株価を見ていれば景気は読めるということが一つであり、もう一つは、経済企画庁の出す景気動向指数である。これの下降・上昇という方向指示は、よく景気の実体をとらえ得た。少なくとも景気の大きな曲がり角においては、よくその転換を指示し得た。たとえば、平成不況への突入については、政府が景気下降を認めたのは一九九二年春だったが、景気動向指数はその一年前の九一年二月にはっきり下降を示していた。株価はそのまた一年前からだったが。

もう一つよく当たるのは日銀短観(企業短期経済観測調査)の業況判断である。これは、株価と同じく景気の先行指標としてよく当たってきた。この短観は資本金一〇億円以上の五〇〇〇社と七五〇〇社の中小企業からのアンケートで構成され、その回答率は前者はほとんど一〇〇%近い。主観調査と計数調査があり、前者のほうが注目されている。非常に単純な統計手法であるが、株式市場ではこれが重視され、日銀短観の発表になる日には株価も影響を受けるものである。

考えてみるともっともなことであろう。そのアンケートの対象となる人々が設備投資や株式投資や決算を意思決定するのだから、一番直接的な予測判断材料ということになる。

第5章

株で損をする心理上の落とし穴

幻の法則性を見出す
――人は何もないところに幻の法則を「発見」する――

株式市場であれ為替市場であれ、マーケットというものがすべて合理的に動くものでないことはもちろんである。むしろ、合理的な考え方ではわからない不自然に見える動きや行き過ぎがあり、ランダムでヒステリックな動きをすることも稀ではない。

こういうマーケットに生ずる混乱やランダムな動きのなかに、人は規則性や秩序があるように感じる傾向がある。とくに自分はインテリだと思っている人、あるいは自分は知性高い教養人に属すると思っている人、こういう人にこの傾向は強い。このランダムで一見ヒステリックな行き過ぎ現象のなかに、「何かはっきりした因果関係か法則性があるはずだ。俺ならそれを見抜いてみせる」と自負して、曖昧でランダムな現象を、お気に入りの理論や法則で解釈したがるのである。損をするということは市場についての誤った見方が構成されていたためであるから、なぜ、その誤った見方になったかということを解明するために、そのような教養人を自認する人々の市場認識上の心理を分析しておくことは非常に有効である。自分もそれに属する可能性ありや、と自問自答するためにも。

人は市場の動きを見る際に、実際ある以上の法則性や、深いワケがあると思いがちである。法則というからには、同じ原因からは同じ結果が出なければならない。また、それが反復性を持たねばならない。ところが、市場は必ずしも法則性に左右されて動くものでもないし、一見気まぐれで、大いに行き過ぎもあり、大いに理不尽な点もある。兜町の古老はこういうものを「理外の理」と称して認めてきた。理外の理に対して法則性や秩序を見出そうという無理はしなかった。市場のそれぞれの現象は、それぞれが特殊で、それぞれが法則的ではない。これはビジネス一般にも言えることであって、特殊性のない企業などは世に一つもなく、それぞれが皆それぞれの特有な事情を持っているものなのであるが、人はそこにすべてに適用する法則を見出そうとするあまり、何もないところに幻の法則性を見出そうとする。

経済学ならぬ金銭学なるものを一応樹立した作家の邱永漢は「商売は真空を嫌う」という命題を提唱し、いわゆるすきま商法（ニッチ産業などとも言う）が、すべてのすきまを埋め尽くさなければ次の段階には進まないものだと説いたことがある。一七世紀後半、スピノザが多くの物理現象を記述して「自然は真空を嫌う」という有名な命題を提唱したが、それと同じく、人間もまた真空を嫌うのだということを商売の面で彼は言ったのだが、とくに自らを知性が高いと思い込んでいる人は、市場の現象についての真空を嫌う。つまり現象と現象との間に法則性や因果関係を見出そうとする。そこに、ありもしない幻の法則性や幻の因果関係を見出して自分流に解釈したがる。これが必ずハズれて大損する結果を招くということが過去の事実から明らかになっていれば、インテリ自認者はいち早く幻の法則性からは解放されるであろうが、悪いことに、この幻の法則性が当たってしまって、よい結果を生むことがままある。

そこで、人はこの、何もありはしないところに幻の法則性を見出すという知的作業を性懲りもなく続けるのである。結果は、自分勝手な理屈のために市場観測を誤って大損する。本人は因果関係なり法則性なりを解明したつもりでいるから、誤りを修正するまでの思い切りがつかず、時間がかかる。この間に傷を大きくするというのがオチだ。

彼らは市場に法則性や秩序や、チャート（罫線）上の一定の趨勢やパターンを「発見」するのが好きで、これをこよなく知的な作業として愛し、楽しむ傾向がある。市場が無法則性で無秩序で因果関係曖昧でいることに耐えられない。教養人を自認する人ほど説明できない現象を嫌うのである。

人間の心理学上の趨勢やある法則に従って動く人の現象なら、偶然やランダムな現象と違って関係が読みやすい。これで対人関係の成功体験も積んできたのであろう。そこに法則性を見出すことは彼の人生に有利に働いたであろう。

また、こういう傾向を持っている人がランダム現象のなかになかなか法則性を見出せないでいらついていると、評論家あるいは解説者と称する人が現われて、そこのストレスをうまく「処理」してくれるのだ。そのときの評論家あるいは解説者は精神安定用の医師の役割はなすが、市場のよき指導者の役割をなすか否かはまたおのずから別問題である。

「当たり屋につけ」という兜町の格言には一理も二理もあるが「ツキが回る」というのは単なる迷信にすぎないということは、前章で述べた。これと似たようなことで、「成功が成功を生み、失敗は失敗を生む」という考えがある。これは真実か迷信か。例えば、ゴルフにおいて重要なところでミスショットをしたとすると、その原因ばかりくよくよと頭の中にあり、一連のスイングの流れが部分的な点にのみ注意がいってバラバラになってしまうということがある。反対に、よいショットは自信とイメージを生み、次のよいショットを生む、という傾向があることは事実であろう。

では、株式投資においてこのことが言えるかというと、これも確かに真実と言える。最初の投資の成功は稼働資金を増加させるし、いつでも利食い売りが可能なときには流動性豊かだから、次のチャンスにいつでも乗れる。

ケインズが「利子は流動性を失うことに対する賠償だ」という有名な異説を提唱し、そこからリクイディティ・プレファレンスという概念をつくり出し、それが流動性選好という生硬な訳語を生み、これがむしろ学術用語としてなじんだ。これは間違いなく、いま述べたように最初の投資に成功すると流動性も豊かになり、資金力も増すから次の機会にいつでも出動できるという、彼の投機体験から生じたものにほかならない。

成功が成功を生むということは、株式投資の場では一応事実である傾向が強いと言える。また、成功した人の心境は、平静を堅持し、あせらず、物事をあるがままに見るスタンスも維持しやすいのではなかろうか。ただし、次のようなことは言える。成功が何度も続くと図に乗って深追いし、そのあげく大損するという人が少なくない。これは心理的な傾向というより、その人の人間性の問題だ。

再び言う。人が株式市場でやってきたことをずうっとつなぎ合わせてみると、そこに一つの人間像が出来上がる。信じようと信じまいと、それがあなたなのだ。

因果関係を取り違える
――ニューヨーク株が上がらなければ日本株も上がらないか――

単なる行き過ぎや単発的なランダムな現象でしかないもののなかに法則性を見出したがったり、パターン認識をしたがったりする傾向があり、これが誤りのもとになるということを述べたが、このなかの一つに「現象と現象との間に無理にでも因果関係を『発見』してしまう」という誤りがある。これは、理論派であることを自認し、何事も論理的に考えを組み立てるのだということに勝手な自信を抱いているタイプの人に多い。

そういう因果関係が市場内外の現象のなかにあるとひとたび思い込むと、その原因となるものは、市場内部の要因、政治的要因、国際的な要因、天候の要因などと事欠かない。必ず何か見つかるものだ。そこで、一見理路整然と「語れる」ことになる。語れることは一般にきわめてやさしい。だが、私たちが求めるものは理路整然と語れることではなく、資金を投ずるために市場はどう動くかを予見することだ。語れるためではない。統計的に見てある確率で起こり得るものでしかない現象に対して、無理に因果関係をつけて「理路整然と」説明づけようとするあまり、誤った考え方が構成されることがよくある。また、因果関係から見て全く逆のことが法則性として語られることもある。

例えば、本社ビルを建てるとその企業はそれから先は衰退する、などということがよく言われる。立派な本社ビルであればあるほど、その後の衰退ぶりは目立つものだ。だが、それは因と果が逆になっている考え方なのだ。だいたい、業績が最高潮でおそらく創業以来の最高が続いたからこそ長年の夢であった本社ビルを建てたのであろう。最高潮の業績が持続したあとは、それを維持し続けるよりも、多少か大いにか下降するというのは起こりやすいことである。別に本社ビルを建てたからではない。ところが、こういう因果関係の見誤りに限って、したり顔に「春秋の筆法をもってすれば」と教養ありげに書いてみたり、あるいは「伽藍《がらん》そびえて宗教衰う」などと古来の法則のように言ったりするものだ。

現象として現れた事実を観察することは科学の基礎であり、相場観を正しく構成することの基礎である。ここで言う「因果関係の取り違え」は、観察された現象をどう考えるかということについて、無理矢理に因果関係をつけようとして、誤った市場観を構成してしまう場合のことを言うのだ。

情報処理の概念にオートマトンというのがある。ある入力があったときにそれに対応する出力が自動的に出る構造のことで、身近な例で言えば自動発券機や自動販売機のような構造である。そして、人の考えや行動というものは、このオートマトンのように自動化されている部分と、自動化されずに意識して考え行動する部分とがある。通常の日常行動はほとんどオートマトン化されたものであるから、株式市場で日常事のように売買をする人は、「入力―出力」の構造が誤っていると無意識のうちに損失をアウトプットしてしまう。また、意識して考えたことであっても、意識下にある錯覚や先入観という面倒なものが判断を狂わすことになる。

一九八七年一〇月二〇日の火曜日のこと、当時二万五〇〇〇円台だった日経平均株価が半日で三八〇〇円強下げた、いわゆるブラックマンデー（日本では火曜日）だ。「ニューヨーク市場が大暴落したので日本も暴落した」という因果関係は正しい。とはいえ、「ニューヨーク市場が上がらなければ日本は上がらない」という因果関係は必ずしも正しくないのだ。先に述べたように、これを「命題の裏」と言い、ある命題が必ず正しい（真である）としたら、「命題の裏は必ずしも真ならず」という公式が正しいということは古代ギリシャ時代から知られている。

いずれにしても、ニューヨーク市場が大暴落したから日本も大暴落したという因果から「ニューヨークが上がらなければ日本も上がらない」という因果関係を考えたら、これは必ずしも真ならずという公式のとおりとなって、その絶好の買い場を逃したことになる。実際には、その一年二カ月後には約二倍弱の値上がりとなった。絶好の買い場を逃しただけでなく、あそこでカラ売り（ショートポジション）を仕掛けていたら大損することになったはずだ。

このように「因果関係の取り違え」というのは、たとえ正しい因果関係を見きわめていても、それを考えるうえで論理的な取り違えをするとまた誤るものであることを付け加えておこう。

期待が誤認をもたらす
——低温核融合否定論者とガリレオ弾圧者の違い——

人は何もないところに幻の法則性や因果関係を見出してしまったり、因果関係の因と果を逆にしてみたりすることを述べたが、期待の心が間違いのもとになるケースが多くある。

期待というものが、情報やデータを考えるときに人の判断を狂わせるもとになる。ある見通しについてのデータを調べようとするとき、その見通しを支持するようなデータばかりが見え、結局、その見通しが正しいという結論に落ち着いてしまうのだ。自分の見通しに合致するデータは受け入れられやすく、その見通しに反するデータは割り引いて扱われるか、ひどいときには全く見えなくなってしまう。そこで、ひとたび立てた見通しは、よほどの反対情報がない限り、簡単には修正が利かなくなるものなのである。利益を期待したり、企業の増益を期待したり、何かを期待していると、期待したとおりに物事が見えてしまうということもよくある。

人がすでに持っている信念や理論に基づいて、そうした情報の信憑性を判断するのは無理もないことであるが、それに反するものをどう扱うべきかということが問題なのだ。無意識に採用から外すというのは先入観や期待による不注意だが、独善的に否定だけしていたのでは、これは不注意以上のものを招く。

こういう問題を扱った良書に『人間この信じやすきもの』（T・ギロビッチ著、森一雄／守秀子訳、新曜社）というのがあるが、そこにこういう例が出ている。自分の見通しや理論に合致しないものをどう扱うかについてだが、例えば低温核融合の見通しを信じないで一蹴する科学者と、ガリレオの地動説を否定した一七世紀の人々との違いはいったい何だろうか。

前者の多くは低温核融合の可能性を否定しながらも報告された現象を自分自身の実験室で再現してみようと試みている。一方、ガリレオの弾圧者たちは、そのデータを見ようともしなかった、この違いであると。これは重要な示唆に富む話だ。人が期待や先入観によってデータの信憑性を判断するのは無理からぬことだ。だが、そのとき私たちは、自分にもその傾向があることを自覚して、その思いに反する側のデータをも謙虚に拾わねばならないであろう。ガリレオ弾圧者ではなく、低温核融合否定論者のような態度を堅持せよということであろう。

人は将来の成功に向けて自信を持ち続けるためには、過去の失敗は忘れ、成功だけを記憶している傾向があると思われているし、またそのようなことが望ましいと、成功談などの本にもよく書かれている。

が、実際は逆である。人はうまく解けたときには、それは自分の見通しがよかったことを額面通りに評価して、後からいろいろ考えたりしはしない。ところが損したときや大きく評価損が出たときに限って、その理由や根拠をいろいろ見つけて自分を納得させるものだ。

我田引水的な判断基準

人には自分が好む予測（上がってほしい。あるいは全部売却したから次の買い場が提供されるよう下がってほしい）と自分に不利な予測と二通りあるが、その二通りのデータ・情報について、それぞれ別々な評価基準を用いがちなものである。自分勝手な判断基準を持ってしまう。このデータは信じてよいか、このデータはどうしても信じなければいけないか、このデータは信ずるべき証拠があるのかという具合に、都合の悪いデータは消し去って自分の見通しを支持してくれるデータのみを拾い集める。自分自身はデータという客観的なものに向かっているはずなのに、そのデータの見方が我田引水になっているのである。

自分に都合のよい見通しを支持するためにデータを加工し、操作する場合もある。とくに、定義が明確にされてなくて多様な解釈の余地のある場合はなおさらである。「相場の見通しは明るい」などというのはその典型であろう。明るいとは、向こう何カ月内に何%上昇するのかということは問わない。極端に言えば、カラ売りを仕掛けた人々にとって見通しが明るいとは、近日中に大暴落することなのだ。データを加工する場合は、自分に都合のいいように加工することを避けるために、あらかじめ加工の方法をきっちり定めておくことだ。

経済企画庁の景気動向指数は、厳選した経済指標を先行指標は一一系列、一致指標も一一系列、遅行指標は八系列、と定めてあって、それの加工統計であるが、その方法はもちろんあらかじめ定めてあり、どういう場合を景気好転と言うかは客観的に明らかにしてある。このように加工統計はあらかじめその方法を定めておかないと、自分の都合のよいように選び、加工する傾向があるものだ。

人はその判断基準を操作し、評価の方法を評価するうちに、自分自身はデータという客観的なものから判断したつもりでいて実は全く恣意的な我田引水の論理づくりに終始するのだ。これは私自身の乏しい体験のなかからも言える。また私が証券会社の営業をやっていた頃、いわゆる「論客」と称せられた投資家の多くは、いまにして思えばそういう傾向があった。その人々の一部分は現在でもお付き合いが続いているが、ときどき談笑しながら、この傾向を「この年になって」気がついたよということになるのだ。

「期待」を誤解釈しないこと

統計や確率論に「期待値」というものがある。くじに当たる確率が一〇〇分の一で当たったときの資金が一〇万円のとき、期待値は一〇万×一〇〇分の一で一〇〇〇円だということになる。これを確率的期待値と言い、日常使う「望ましいことが起こるように心の中で待ち望むこと」という期待とは意味が違う。ケインズの『一般理論』第12章に「長期期待の状態」というものがあるが、通常言う「望ましいことが起こるように心の中で待ち望むこと」としての期待ではない。

例えば「期待下落率」というのは、下落を期待しているという意味ではなく、「今後見込まれる下落率」という意味である。これに対して「自己実現的下落率」というのがあるが、これも少し意味が違う。望ましいか望ましくないかにかかわらず、皆で言っていたことがそのとおりになってしまうことを言う。例えば、あの信用金庫は危ないと皆が言うと、本来危なくないところでも皆が我れ先に預け金を回収に動くから本当に危なくなってしまうことを言う。企業の不渡り倒産の場合などは、これと同じ神経機能になっていることが多い。

あそこは危ないと皆が言うと銀行が融資しなくなるし、商取引も激減するから、本当に危なくなってしまうのである。こういうのを自己実現的期待と言うが、一九六六年に社会党推薦の美濃部亮吉教授が東京都知事に当選すると株は下がると皆が言っていたので本当にそうなったのは、この例である。

市場の期待値とか期待理論などと言う場合、以上使われたような「期待」という概念の意味をよく見きわめることこそ肝要であろう。

過去の記憶が誤信を生む

——人は「予定通りでないこと」のほうを記憶にとどめる——

好ましい結果であれ、好ましくない結果であれ、いずれにしても一つの出来事として記憶されるという行動はたくさんある。例えば、一カ月に一回映画を見る人は、それがよかったときもつまらなかったときも映画を見に行ったことが記憶に残るし、株を売り買いしたら、儲かったときも損をしたときも、詳細は忘れるにしても、そのようなことをしたことは憶えているものだ。これを両面記憶の出来事と言おう。

この両面の出来事のなかでは、結果が悪かったほうが記憶に残りやすいものだというのが心理学者の意見のようだ。映画を見に行ったら自分が選んで見たものであるから、よかったら当然で、内容が期待外れのときにのみ深く記憶に残るという。映画の内容でなく、それを見に行ったという行為の記憶が残る。株を買ったら損したほうのみ深く憶えているものだという。ゴルフで言えばミスショットのほうが記憶に残る。あの一メートルのパッティングを入れておけばバーディだったのに、バーディでベスグロを取れたのに、と。期待通りにならなかった場合には、いわゆる「レバタラ」を何度も繰り返し、あのときああしていれば……、こうだったら……、と思い出すので記憶に残るのだという。

ギャンブラーは、勝った賭けは、その喜びの記憶はあっても詳細は憶えていないで、負けた賭けのときは詳細を記憶しているものだという。釣りをする人は誰もが逃がしてしまった魚のことをよく憶えていて話をしたがるものである。「逃がした魚は大きい」などと、しばしば使われるぐらいだ。同様に口論で言えば、言い負かされたときのほうがより正確に記憶しているという。以上述べたギャンブラーの例と口論の例は、前掲書『人間この信じやすきもの』から採った。一般に、人は期待通りにいった都合のよい結果のことをよく憶えていると信じられているが、そうではない。

傘を持っていないときに限って雨が降るとよく言う。傘を持っているときに雨が降ると、これも一つの事実として生じたことなのに、こっちのほうは忘れてしまって、傘を持っていないときのみに生じた事実のほうだけをよく憶えている。傘のあるときに雨が降るのは別に事柄として「何も生じていない」からである。このように、出来事には必ず二つ以上に結果があるのだが(見た映画がよかった・悪かった、株で儲けた・損した、魚を釣った・逃がした、ギャンブルで勝った・負けた、口論で勝った・負けた、雨が傘を持っているとき降った・持っていないとき降った)、人はそのうちの悪い結果のほうを記憶にとどめるものなのだ。よい結果のほうは予定通りだったので、その喜びのみ右脳に残って、左脳の詳細の結果を忘れるものだ。

このように、人は出来事の結果の片方のみを記憶する。これがあとあとまで残り、誤った見方を構成していくのである。マルクス・アウレリウスというローマの皇帝で哲学者だった男が「人は皆すべて、その思いの如きものになる」と言っている。兜町の古老として著者が敬意を払ってきた故・菊池満氏(現在の極東証券の創業者)は言っていた。「兜町で成功者と失敗者の分かれ目は非常に単純なところにあり、成功者は常に成功について考えており、失敗者は常に失敗について考えていたのがその原因である」と。

玉虫色の解釈と玉虫色の表現なら全部当たる

フランシス・ベーコンは言った。「当たらないことのほうがずっと多いにもかかわらず、当たらなかったときは見過ごしてしまい、当たったときには大騒ぎをするというだけのことである」(『ノヴム・オルガヌム(新機関)』、中山茂訳、岩波書店)。

予言の多くは玉虫色の解釈がなされる。曖昧な表現がなされる。「ノストラダムスの大予言」のように、どんな現象が起こっても当たったとなってしまう。表現があまりにも曖昧であって、その反証のしようもないし、解釈の仕方によってはまさしくこのことを予言しているのだとも思えてくる。玉虫色の解釈、曖昧な表現、これではすでに予言の意味がない。文意の解釈などに憂き身をやつしたり、知的ゲームとして楽しむ分にはいっこう差しつかえないが、少なくともゲームには向かない。

全くの偶発のことのように思われても、本当は当然の必然性が伏在する場合がある。例えば、ある友人のことを思い出していたら、まさしくそのときにその友人から二年ぶりに電話がかかってきたというようなことがあるが、これは、そのとき軽い地震があったので六年前の阪神大地震を思い出し、そのとき神戸に在住していたその友人のことを思い出した、その友人がいま起きた軽い地震をきっかけとして、当時自分のことを一番心配してくれた人のことを思い出して、久し振りに電話してきたのだ。地震という外的条件が当方にも神戸在住のその友人にも共通の現象として生じたからである。シャーロック・ホームズがワトスンと公園を黙々と歩いていたときに、いきなりある友人のことでホームズがあいづちを打った。いままさにワトスンが心の中で思っていたその友人についてである。びっくりしたワトスンに対してホームズがその奇妙な一致を種明かしをするくだりがある。まったく奇妙な偶然の一致のように見えても何かが外部でつながっているることがある。これに気づかないことが多いと同時に、逆に人は何も因果関係のないところに法則性を「発見」してしまうことがあるのである。

マスコミが錯覚を誘導する
――人が陥りやすい錯覚のあれこれ――

省略表現・誇張表現・偽サンプル

全証券会社のうちの二〇社から四〇社は今期決算は赤字となるだろうというニュースを、省略表現のつもりで「証券会社のうち最悪の場合は四〇社が今期決算が赤字となる」と言ったらどうなるか。別段、誤ったことを言っているわけではない。二〇社から四〇社というのを、最悪の場合は四〇社と言っただけだ。だが、この二つの表現は、後者のほうがタダならぬ事態と映る。逆に「今期は少なくとも二〇社が赤字になる」と言えば、事態はそう暗くない。

街頭アンケートと称して、数人の人の意見をテレビで流し、その数人が何千人の街頭通行者のサンプルであるかのごとき錯覚を与える手がよく使われる。マスメディアが意図的にやっている場合もあろうし、不注意にやる場合もあろう。テレビで流れているのは数人のアンケートであり、それが決して通行人のサンプルでもないし、それを拡大すれば世論となるわけのものでもない。

仮に、テレビ局が意図的にある世論をつくろうとして、それに役立つ意見のみを編集して画像としたらどうであろうか。それこそ世論操作という大変な問題である。街頭アンケートと称するものを見るときは、これくらいの用心深さが必要である。それでなければマスコミは世論を操作してある者をリンチにすることもできるし、その者を社会的に葬り去ることもできる。後日、お詫びの記事などを出しても小さく載せるだけだから、そんなものはほとんどの人は見てはいない。そこで、かつて法務大臣も務めた秦野章は『何が権力か』（講談社）の著書の副題を「マスコミはリンチもする」としたのだ。誇張の表現には、たいていの人は用心するものだが、冒頭の例のような省略表現はうかつに読み、うかつに頭の中に入れてしまうのではなかろうか。何が書いてあるかと同時に、何が書かれていないかも大事なのだ。

また、街頭アンケートと称するもののように、サンプルでもないものをサンプルと信じ込んでしまう愚も避けたい。もし街頭アンケートをサンプルとして使うならば、「何百人かのなかから無作為に五人を採ってアンケートしたものを、生放送で映します」という断りをつけて行なうべきだ。そうでない街頭アンケートは画像として映すべきでない。だが、そうは言っても彼らも商売だ。人々が見れば撮るし映す。よって、そういうものを見ないようにするか、見ても自覚して見るべきであろう。これが投機家たる者の堅持すべき日常生活の基本だと言いたい。

市場世論誤認傾向「自分が思うように人々も思っている」

市場に対する自分の見通しや特定の銘柄に対するある種の価値観を、それらがどの程度人々に共有されているかを推定する際に、そうした推定は実際以上に過大になりがちなものである。例えば、ソニーよりもソフトバンクのほうが成長優良株として間違いないと思っている人は、ソフトバンクやその経営陣のほうがソニーよりも人々に高く評価されているに違いないと考える。市場の世論を自分の価値観に合わせるように誤認してしまう傾向があるのだ。自分の見通しや価値観に影響力を与えたあるデータやある人の意見は、市場参加者の多くにも同じような影響力を与えているだろうと考えてしまう。そして、市場参加者の多くも自分と同じような行動をとるだろう、すなわち、自分が買った銘柄を買うであろう、と考える。

そうなれば、「自分の買ったあとから」「自分より大量に」「自分よりも高い値段で」買ってもらわなければ自分の買った株は上がらないのだから、「人より早く」、つまり、いますぐ買っておかねばならない、と判断する。これが市場動向の見誤り、言い換えれば相場観の誤りのもとになるのである。

いわゆる「飛びつき買いの愚」が起こることになる。このことは、こと株式市場に限らない。例えばお酒の好きな人は多くの人々もお酒が好きなのだろうと考えたがる。これは何もアンケートをとって決めるわけでもないし、自分の体験から決めるわけのものでもなく、無意識にそう決めたがるものなのだ。

市場に強気観測する人は強気の記事を好んで読み、ますます強気観測を自ら強化していく。自分の考えや見通しに反する記事や意見を遠ざけるのだ。そして、自分の意見が一般に広く認められるであろうという信念を深めていくのだ。このことは「人は自分に都合のよいデータを見たがるものだ」として先に触れたが、それは、ここに述べた、市場の世論を自分の価値観に合わせて誤認する傾向と同根である。こういう傾向を心理学者が何と言ったのか知らないが、私は仮にこれを「市場世論誤認傾向」と呼んで厳に自らを戒めるように心掛けている。人々は自分が思うようには思っていないのだと。その証拠に、自分がこれはすぐ上がると思った銘柄がすぐには上がらないではないか。

大義名分、社会的承認による錯覚
――みんなが賛成、識者もそう言う、これが大損のもと――

自分の見通しや予測について多くの人々が賛成してくれているということは自信につながるものだ。だが、この自信が過ちを生ずることは多い。ということは、社会的に承認されているとおりには市場は動かないことが多いということである。「みんなが賛成している」「社会的承認を得ている」というと自分の考えがおおかたは正しいものであろうが、市場の予測についてはそうはいかない。

必ずしも多数決では決まらないどころか、むしろ少数意見のほうが当たることが多いということを銘記しておくべきであろう。

一九九二年の一万四〇〇〇円台の一番底からの戻り天井が一九九六年六月の二万二〇〇〇円台であったが、その頃、社会的承認を得ていたのは財政再建である。政府与党は景気はすでに万全であるとみて、民間企業や家計を二の次とし国の財政再建を最優先させた。もっとも、経済を楽観視したのも無理はなかった。その年のわが国のGDP成長率はG7諸国中で最高だったのだから、自信を持ってしまうのもあながち責められないかもしれない。

この財政再建は、手始めが一九九六年六月二五日決定の消費税率アップだったが、まさしくその日を境として戻り歩調の株価は天井を突き、四割弱も下がって一万二〇〇〇円台に突入し、その後再び二万二〇〇〇円台はない。ひとり株価だけは、この経済的な誤った対策の結果を予見していたのだと思うしかない。

私が言いたいのは、この頃、消費税率アップという各論には大半が反対していたものの、財政健全化という大方針には賛成していたということの意味だ。世の識者やエコノミストと称される人々も、この大義名分には賛成した。誰も自国の財政不健全を賛成するわけはない。財政健全化と言えば総論としては賛成する。ひとり株価のみはこの世論の帰結するところ日本経済が地獄の淵をのぞきに、行くところまで行ってしまうということを予知していたと見るしかない。

私などもこの世論と「識者たち」の論調につられて、うかつにも財政再建策を当時としては内心賛成しがちだったが、株価がひとりでに急落していくのを見て、経済の先行きは悪化するのだなと思い、この矛盾にためらいながら、株式市場から手を引く以外になかった。さりとて積極的に「売って取る」ほどのファイトもなかったし、元来、売りで儲けることは原則としてやるべきでないという考えを私は持っている。

これは一九七〇年の三光汽船のカラ売りの大失敗で思い決めたことであった。（後年知ったところによると、三井物産の社長を務めたあと乞われて国鉄総裁になったかの石田礼助も私と同じ時期に三光汽船のカラ売りで大損をし、国府津のみかん山を売って損金を払おうとしたり、家屋敷を抵当に入れたりした。これを城山三郎著『粗にして野だが卑ではない』（文芸春秋社）で知り、大いに親しみを感じたものだ。）

カラ売りをやらない方針の私は、とにかく、一九九六年夏以降の二年間は、売り買いともにしなかった。そのためケガはなかったものの無為の二年間を費やすことになったが、このとき世論につられて、あるいは「識者たち」の論につられて、その社会的承認を強い味方として買いの手を引かないでいたらどうなったか。少なくとも一九九六年六月二万二〇〇〇円台から、その二年後の一〇月の一万二〇〇〇円台までの間に大きく金融資産を減らしていたに違いない。現にそういう人々はたくさんいたに違いない。

「みんなが賛成している」とか「識者たちもそう説いている」とか、「社会的承認を得ている」とかいうことが、最も気軽に大損への道をたどり始める原因の一つだということを銘記したい。あくまで、市場はどうなっているかという事実で、物事を見なければならない。あのとき市場が、まさしく消費税率アップを決めた翌日の六月二六日から下がり始めたのは、世論にさからって株式市場のみは帰すうを知っていたと見るしかない。

早耳筋の大損
――伝聞証言の証拠力――

証人の口から直接に法廷で語られるものではなく、証人が誰かから聞いたこととして語られるものを刑事訴訟法では伝聞証言と言って、証拠力が制限される。実見によらない、また聞きの証言のことだ。

この意味で、警察官の取った供述書などが法廷に出れば、それも一種の伝聞証言と言うべきだが、この場合は、かなりの証拠能力を持つようである。私たちの入手するデータ・情報は、たいてい伝聞証言であろう。自分自身が実見したことではなく、新聞やテレビや書物から仕入れてきたものであろう。いわば「人づての情報」である。この情報が事実の八割を伝えているとしても、それを読み取る自分がその七割しか読み取らなかったとすれば、0.8×0.7 ＝0.56 となり、実に半分近くの信憑性しかないことになる。

人づての話がなぜ誤りやすいか。話す人は、話を面白くしよう、奴の話は面白いと思われよう、注意を引こう、つまらなそうなところは省略しよう、ということになるから、本人は虚偽を語っているつもりは全くないのだが、話の内容はよくてせいぜい真相の七割も伝わらない。それを聞いた人がそのまた七割を聞き取り、同じ動機で話してその七割、それを聞いた自分が七割を正確に聞き取ったとして、その内容は真相の〇・七の四乗で二四％になってしまう。つまり、三人目の自分にはよくて四分の一しか真相は入ってこない。伝聞の連鎖が長くなればなるほど不正確になる。ということを自覚しておいたほうがよいだろう。

もちろん、投資の判断に限らず、判断というものは情報が不足していることが条件であり、十分な情報とデータがあれば、それを「解析」すれば足りることであって「判断は要らない」ことになる。だが、三人目の自分は四分の一だということだけは自覚しておいたほうがよい。また、自分が信用している人とか尊敬している人から聞いた情報は、いま述べた自覚の必要性をハナから忘れてしまって鵜呑みに信じてしまう傾向がある。そして、これだけで信念を持って行動するなどとはもってのほかである。きわめて危険なことだ。

私が野村証券の本店営業部にいた新入生時代からの五年間、そこには凄い奴、尊敬すべき奴、怪しい奴などの快人・怪人たちが何十人もいた。そのなかに私が尊敬と信頼を寄せていた先輩（後年、独立して大成功した）が、当時、低位株のなかの仕手株だった北炭について、近い将来、インドネシア開発で大観光会社に変身するという情報を〝耳打ち〟してくれて、その情報の真偽を確かめるべく、当時のスカルノ大統領が帝国ホテルに滞在していて北炭の萩原吉太郎社長とそのプロジェクトについて打ち合わせ中のはずだから、それを調べてこいと言う。帝国ホテルではもちろん、宿泊客にスカルノ大統領がいるか否かは教えない。北炭の秘書室でも萩原社長がいま誰と会っているかなどは教えてくれない。調べに行ったが、帝国ホテルに行っても北炭に行ってもわからなかったと告げると、その先輩は、それでは帝国ホテルのメインレストランを見張っていろ、そこで二人は会食をするはずだという。これも真偽は確かめられなかった。よしんば二人が会食したところを目にしたとしても、それがインドネシア開発の観光計画かどうかは誰もわからない。

この話は次のように伝わった。北炭の萩原社長は石炭が衰退産業であることをいち早く見抜いて、同社を観光会社に脱皮させるべくインドネシアのスカルノ大統領とプロジェクトを組んだ。その橋渡しをしているのはデヴィ夫人だ。この夫人を伴って帝国ホテルのメインレストランで、インドネシア大開発の壮大な夢のプランを目下打ち合わせ中で、近々中にそれは新聞発表されるはずである。そうなれば斜陽の会社は一挙に花形レジャー株として大化けする。このいきさつを野村の本店のさる青年将校たちが極秘に調べた。レストランの会食のステーキの焼き具合まで詳細にメモを取ったものがある。その話の内容はあまりに気宇壮大だが、おいおい明らかにされるであろう——というのだ。この話は少なくとも野村の営業体全体を駆けめぐり、我れ先に北炭株に飛びついた。

いっせいに買いが入ったので、誰もが高値で買う。結局そこはトンビも通わぬスッ天井、あとは下がる一方。早耳筋というのはおおかたそんなところだ。その直後、今度はホンモノだという話が出た。それは三井金属の、立体駐車場および人工砂利という話で、そのどちらも正体は定かでないが、三井金属株にとっては「大材料」だというのだ。高値を追いかけて結局は皆で損をした。大材料とか早耳筋とかいうのは大概こんなところだと私は思うようになって、北炭以降は用心していたが、それでもひっかかったものだ。いまでは早耳筋と言わないで、インサイダー情報という横文字を使う。

本当のインサイダー情報には儲かる話もあって、ニューヨークにいる私の知人はこれで数十万ドル（一説に数百万ドル）を儲けてSECの調査にかかり、公判で有罪となって目下執行猶予中なので、日本に来ても一〇日以内にはニューヨークに戻らねばならない。信頼できる人や尊敬する人から聞いた話でも全力投球はしないほうがいいのかもしれないということを言いたい。

伝聞は、そのルーツとなった人が、その情報の有益さや話の面白さを狙って話したときには不正確情報となる可能性が一段と高い。本人は人を損させようとして話す意図はないし、話を面白く、あるいは「有益な話として」伝えたいという、「いい奴」なのだ。だがこういう「いい人」の話というものには、誇張と事実歪曲とが犯意なきまま入り込んでくる。本人に悪気はない。それだけに不用心に、聞き手の耳に快く入り込むことになる。シティというカジノの果敢なプレイヤーでもあったケインズが言った。「人はインサイダー情報さえなければもっと儲かるのに」

（『ケインズ伝』、ハロッド著、塩野谷九十九訳、東洋経済新報社）

「合致情報」と「不都合事実」と「当たり予言」の記憶

——「大衆投資家は常に裏切られる」（グランヴィル）のか——

「合致情報」

ある予測・見通しを自分が持っているとき、それに合致する情報やデータのみが頭に入りやすいという傾向が多くの投資家にはある。このことについては前にも触れたが、自分の予測に合致するデータは自分の考えを強め、支持してくれるから、心地よいのである。ある銘柄に投資したとする。その企業のよい情報があって、それが頭に残りやすいところへ、友人が、その株はいい株だ、近いうちに二倍にはなる、その前にストップ高なんてことにもなりかねない、などとお世辞のつもりで言ったとすると、それから何カ月か何年か後にストップ高ということが生じると、その友人の言葉がはっきりと思い出せるものなのだ。これに対してストップ高ということが生じなかった場合には、その友人の言葉は忘れがちなものだ。自分の見通しに都合のよいことは記憶されやすい。これを心理学者は「合致情報（自分の見通しを支持してくれるような情報）は記憶されやすく、非合致情報は記憶されにくい」、と一般法則のように表現する。

「不都合事実」

先に「過去の記憶が誤信を生む」という項で述べたように、自分の記憶のなかの悪い結果のほうが詳細を記憶しやすいという事実があるが、これとは別のことなのだ。ある銘柄を十分にタイミングを観測して値ごろを測って買ったはずなのに、直後にすぐ一割下がったので、平均コストを下げるためにナンピン買いを入れたとすると、買ってすぐ下がるという事実が印象に残る。そうでないときは「何も起こらなかった」とされて記憶にとどまらない。その結果、人の心の中には株を買えば直後にすぐ下がるという記憶ばかりが蓄えられていくようになる。傘を持っていないときに限って雨が降るというのと同じである。私は新宿の超高層と言われるビルのオフィスに長年いたが、下り用のエレベーターを待っているときに昇り用のエレベーターばかりが来るという印象を持っていた。これも同じである。下りを待っているときに下りエレベーターが来たらすぐそれに乗ってしまうので、次の下りが来たのを見ることはできない。したがって、下りは一回しか来なかったことになる。それに反して昇りは用がないので下りが来るまで何度でも見送る。その結果、「下りを待っているときに限って昇りばかりが来る」となり、同じ理屈で「昇りを待っているときには下りばかりが来る」となる。自分にとって悪いことは連続して起こるということを経験することになる。

人の記憶のなかのこの傾向に気づかないでいると、まるで市場というものは自分に都合の悪いようにばかり動くものだという誤信が脳裏に刻み込まれる。そこで三十数年前に一世を風靡したアメリカのチャーチストであるグランヴィル師の「大衆投資家は常に裏切られる」などという言葉が魔力のような効き目をもって投資家の頭に残る（当時、グランヴィルの法則などというチャート上のテクニカルな原則が流行し、彼はあたかも教祖らしく、グランヴィル師と呼ばれた）。

「当たり予言」

予言というのは、予測と違って、データを使わないものを言うというのが私の一応の定義であるが、この予言というものはおおかた、それが生ずるまでの期日、生じたときの明確な現象などが曖昧になっているものである。「この銘柄群のなかに近いうちに暴騰するものが必ずある」という予言は、実は何も言ってないのに等しい。幾つかの銘柄のなかから近いうちに（一～二週間か一～二カ月）、暴騰（三割か四割か、あるいは一日だけのストップ高か）するものがあるということは常に事実である。では、どの銘柄が何月何日までに何％（あるいは値幅で何円、何ドル）

上がるかを指差してみよ、と言うと、これははっきりしている。もし、この予言が当たらなかったとすると、それは当たらなかったままとなるだけで、そこに何も「生じなかった」。何も生じていないのだから人々はすぐに忘れがちである。もし反対に当たったとすると、それは稀有なことが「生じた」のだから人々の記憶に鮮明に残る。

このようにして、予言というものには次の二通りがあることがわかった。

①期日や数字が曖昧で幾通りもの解釈ができる多義的解釈が可能のもので、それが当たったとされて宣伝される。

②あるいは、具体的指示のある明確なことを稀に言い当て「当たったという稀有な事実が生じた」ので人々の記憶に残り、言い当てなかったときは「何も生じていない」ので記憶に残らない。

この①、②のいずれかである場合が多い。このようにして予言というものは、その表現の仕方が、期日や数字は曖昧にしておいて言葉づかいだけは断定的にすると、ある種の力をもって人の心に残ることがある。その場合、歯切れのよい、メリハリの利いた表現が印象を残しやすいという。ちなみにカ行音とタ行音の言葉を多用すると強く響き、サ行音が多いと（曖昧な内容なのに）澄み切った見通しを述べていると感じるものだそうだ。役員就任時などのスピーチに応用したらいかが。

人には信じたいという欲求がある

甲か乙かどっちだ、と判断を迫られたとき、甲でなければ乙なのだが、常にそう断定できるかということを考えねばならない。甲でないなら丙ではないのか、とこのとき思う余裕がほしい。二者択一で甲か乙かと迫られると、丙も丁も忘れがちとなり、甲乙二者のみに目がいってしまう。こういうのを禅では「二見《にけん》に堕《だ》す」と言って戒めるようだ。

人には自分の信念を「信じたい」という欲求がある。人は常に物事の黒白が明らかになっていることを好む。そして、自分の信念に自信を持ちたがるものだ。黒白がはっきりしていて自分の信念に自信を持っているほうが、心が落ち着くからだ。信じたいという欲求は、精神衛生をよく保つための人間の生理的欲求なのだ。

人は無意識のうちに、自分の心の平安を自分で守るようにできているのではなかろうか。これは思うに生きている細胞の命ずるものであり、これによって人は夜もよく眠れ、食欲もあり、健康な心身を維持できるのだから、自分の信念を信じていたい傾向というのは、あながち悪いことではない。だが、この傾向は、株式市場というジャングルには向かない。このジャングルはそんなに精神衛生を楽しくしてばかりいて儲かるというほど平和なところではない。ゲームはジャングルで行なわれているのだということを念を押しておきたい。

失敗の原因を外部要因に求める傾向
——精神衛生上はとてもよいことだが——

それが事実であってほしいと思っていると、事実だと信じてしまう傾向がある。この国の政治・経済状態はますます悪くなるだろうが自分の生活状態はますます改善に向かってほしいと思っていると、その人は、日本の経済は悪化すると考えているのに自分の家計はよくなるという考え方をするものだ。ギロヴィッチ著『人間この信じやすきもの』のなかにこういう事実が出ている。「最近の世論調査によれば、国民全体の経済状態が来年はよくなるだろうと考えているのは、アメリカ国民の二五％しかいないにもかかわらず、自分自身の経済状態については五四％もの国民がよくなるだろうと考えている」。株式投資の場合、成功失敗の原因を考えるときに、ほぼ必ず自分自身に対して甘い評価をしがちなものである。人は成功の原因を自分自身に求めるが、失敗の原因は外部に求めるものだ。

これで精神衛生の安定が保たれているわけだから、精神衛生上はこれでよいのだ。成功を自分自身の人柄や能力のゆえと思い込み、失敗の原因を外部要因に帰属させる。この無意識な心のうちの操作は自尊心を保つうえにもよいことである。絶妙なコントロールのもとに重要なリカバリーショットの要求される第二打を失敗してグリーンをとらえそこなったとしよう。こういうとき自分に原因を求めず、ボールのライの状態が悪かったとか、ショットのあと風がアゲインストに変わったとか、自分以外のものに原因を求めて、無意識のうちに第二打のミスを精神的に整理して、心おきなく第三打にかかる、これが普通の健康なゴルファーというものだ。

私は「自分に厳しく、失敗の原因を自分に課して」などということをお勧めしているわけではない。成功の原因は自分に、そして失敗の原因は自分以外の外部要因に、という一般のやり方が精神衛生上はとてもよいのだと言っている。投資の態度で言えば、大切なのは緊張でなく弛緩である。緊張は放っておいても自然に生ずる。大切なのは心を弛緩させておくことであり、そうでなければこれまで述べてきたようないろいろな錯覚にとらわれる。心を弛緩させておくためには自分に優しくしてやるということであろう。自分に厳しくなどということは精神衛生上よくない。無能唱元という私の郷里の出身の禅僧が書いている。「まず自己を愛せ。……世の分別ある人が老人くさい声で『自分には厳しくあれ』などと道徳を説いたとしても、それに耳を貸してはいけません」(『人蕩術奥義』、竹中出版)。

ただ、私がこの項で言うのは精神衛生ではない。人が株式市場で損をするときの精神の傾向を言っているのだ。精神衛生上はとてもよいことでも、それが投資市場にそのままよいとは限らない。むしろ、相場とは精神衛生を悪くし、緊張を強いられた結果の報償として、札束が得られるのだ。ウォール街では言う。「相場の報酬は恐怖の報酬なり」。

投資家は信念をモノとして持ちたがる
――その代償として札束を失う――

必勝の信念というと勇ましいし、これはゲームに勝つために望ましいある種の緊張状態だろうが、往々にして「信念の人」が相場で大きくつまずくことが多いのは、日常よく見られる事実である。彼らには方向転換が利かないし、信念に反する事柄はすべて見えなくなってしまうか、我田引水的な解釈をしてしまうからである。

信念の人が成功したときには、首尾一貫した意思の人とか、揺るぎない精神の勝利とかいうことになる。人をほめるときに、それは大いに結構だが、自分自身が信念の人になってしまっては大いに危険がある。だいたい信念を持っての行動には迷いや懐疑の苦悩が伴わない。したがって、投機の本質であるところの、投機《スペキュレーション》の原語の意味（哲学的思索、思弁、熟考、懐疑など）を伴わない。だから精神労働の報酬たる「相場の儲け」を取る資格が最初からないのだった。彼らは信念によって行動するから恐怖心がない。これは用心深さを最初から失っている。

ところが、その「信念の人」が大儲けすることが稀ではないというところが、このマーケットの面白さだ。この場合、儲けは大きい。結果がよければ「信念の人」となる。逆の場合は「方向転換のできない頑固者ののろま」となる。この場合、損はきわめて大きい。だが、私の本意は大儲けか大損かのどちらかを勧めることではない。大儲けもしない。大損もしない。ほどほどでよい。何が「ほどほど」かは定義できない。読者諸賢の一人一人皆違うはずだから。それは人生観による。ただ「頭としっぽは猫にくれてやれ」ということだけは別の章でお勧めしている。たまに少々の損を出すということも時にはあるが、大損はしない。そして通算すれば年率何割かの純益がずうっと続く、こういうゲームを勧めているのだ。だから信念はお勧めしないのである。

およそ信念とは心に宿るものである。が、それは「欲」と同じで第三者のように扱うことが多い。「欲と道づれ」などと言って、あたかも欲は自分の外部の側にいる何者かのように扱う。「我欲」などという言葉もある。欲と言えば「我」のなかに存するのは当たり前なのに、欲は我の外に存在して特別に我のなかに存するものを「我欲」と言うみたいに聞こえる。これと同じく、信念というものも、信念を「持つ」「抱く」とか、信念を「獲得する」「得る」とか、その信念をついに「捨てた」、師の信念を「継承した」、その信念は「買わない」などというように、あたかもモノとして扱う言葉が「欲」よりも多いと思う。

これはどういうことかというと、私見によれば、人は信念を自分のモノとして（所有物として）、大切にして、それを所有物同様に大切に存続させようという心象ではないかと思う。こういう仮説をたててみると、いろいろなことの整合性がとれてくると思うが、どうであろうか。所有物同士が互いに損傷しないように、うまく納まるように整理するのと同じで、信念はそれ自体がすっきりと割り切れるようにしてあるものだ。また、所有物を簡単に無償では手放さないように、よほどの対価か痛傷かがないと、この信念というシロモノは手放さない。

対価を得て手放したときには所有物を手放したときと違って精神的やましさを感ずるものだから、たいていの場合は、痛手を受けて手放すことになる。しかも、このとき手放したという自覚がないのが普通であって、そうだからこそ精神衛生が保たれるのであろう。

自分流の一貫性は捨てたものではない

――「自分流」と「頑固一徹」とは似て非なり――

人は自分に似た銘柄を好む。落ち着いた感じの人は落ち着いた業種、したがって落ち着いた株価の動きをする銘柄を選ぶ、という傾向があるように思う。激しい行動家は仕手がかった動きをする派手な動きのものを好む。人は自分に似た者を友人とするという、似た者同士という言葉もある。

これは少しも非難されるものでもないし、株式投資において少しも悪い結果をもたらすというものでもないということが、私の長年の観察で言えると思う。むしろ結構なことであろう。私がここで注意を促したいのは、その傾向を自覚するならば、それで一貫させるのが賢明だということだ。成長株相場で市場が躍り、あるいは仕手株相場で派手な乱高下を見るにつけて、落ち着いた感じの人の落ち着いた銘柄好みが、一時の気まぐれから自分の好みの範囲でないものに対して冒険的に手を出し、「試みに新境地を開いた」つもりが、その一回のことで大損するということがよくある。あるいは、その一回目はほどほどに儲けたが、いい気になって「その新境地をさらに開拓しよう」などと意気込んで二度、三度と手を出し、いままでの収益を全部吹っ飛ばしてまだ足りない、という結果を招くものである。

私は、そういう人を多く見てきた。自分の流儀にこだわる頑固者は、それはそれで長期的にはいい線をいくものだ。私が頑固者は大損することになると言うのは、見通しや予測などに対する頑固さである。流儀やスタイルについてではない。むしろ、流儀やスタイルについては首尾一貫性というものを一応守ることはよいであろう。

私が野村証券の和歌山支店にいた頃、南紀のある町の元町長だった資産家の落ち着いた初老の人が、いわゆる資産株の額面割れを大量に買い、株券を自宅に持って帰り、二年後に五割上がると売却のために店頭に現れていた。そのようなことを二年に一度ずつ行ない、結構年率二〇%ぐらいでコンスタントに回していたのだ。

こういう初老の人が一〇人ほどいたが、そのうちの二人が、当時、超大型株で派手な動きはないと通説になっていた日立製作所が一九六九年のドレイファス・ファンドの大量買いで、大きく株価の「居所を変えた」のを見て、またその直後に外人買いで一八〇〇円台まで上がった大和ハウス工業が倍額増資をこなして短期間にまた一八〇〇円台に、すなわち、約二倍になったのを見て、従来何十年もやってきた「資産株安定投資」に厭気を差し、ついにたまらず、大和ハウスと同業の永大産業の一〇〇〇円を割安と断じて大量に買い、直後、一〇一〇円ぐらいまでは見たが、それが大天井で、その後何分の一にもなってしまった。あとの八人は終始一貫して自分流を踏襲して、ついに翌七〇年四月末の、バニー・コンフェルド率いるIOSファンドの破綻を契機とした大暴落にも無傷で、それが契機となったいざなぎ景気の終焉を悠揚せまらぬ態度で次の買い場探しと決め込んで楽しみ、私の転勤を見送りに駅頭に現れたときは、自分流を一貫させた人生の達人とでも言ってよい風格がすでに備わっていたものだ。その老人たちとは、当時の野村証券のルールにより転勤後は商内の縁を切ることになっていたが、個人的に付き合いが続き、私が野村を辞めた二〇年後にほとんどの人は大往生を遂げた。

頑固一徹の「信念の人」は市場の見通しについての方向転換が利かないので大損する人が多いが、こういう類と「自分流を守る人」とは同じではない。

頑固一徹という言葉は時流を見ずに突っ張って方向転換できないという意味もあるが、一方では、信用できる人柄という意味もある。時の変化に応じて融通無礙《げ》なのは、一面では「節操のない人」と言われて信をおけないという意味もある。何でも融通無碍で円転滑脱なるがよいというものでもない。そういうタイプの人はその長所を生かすべしであって、それで通すのもそれもまた一徹の部類と言うべきものであろう。自分流を自覚したうえで、その流儀を守るということはその人の強みとなる。

第6章

大損する人のはまりやすい一〇の罠

意思強く意地を張る人
——「ナンピン・スカンピン」の教え——

株式市場で損する人のタイプの一つに、意思強く意地を張る人、というのをまず挙げておきたい。これはよくあるタイプである。このタイプは成功さえすれば美談となる。認識の根本がしっかりしていたからだとか、意思が強く立派だとなる。しかし私が言いたいのは結果オーライの世界ではない。結果がすべてだと人は言うが、そういうことを本当にしている人はいつかは大損をしますぞと言っておきたい。結果がすべてではない。結果を出すためにはそれなりの仕掛けと心組みが要るものだ。

意思が強いということはほとんどの場合に長所となり強みとなる場合が多いものだし、男の意地を通したなどと美談として語られることが多い。一方、意地っ張りとか意地になってるなどと言うのは悪い意味であろう。夏目漱石が意地を通せば窮屈だと『草枕』で言っているとおりでもある。いずれにしても、意地というのは、本来は般若心経の六根《ろっこん》（眼耳鼻舌身意《げんにびぜっしんい》）の最後に出てくる「意」が地に根を据えてしまって動かない姿を指すのであって、そのようなものからすべて解脱することを無色声香味触法《むしきしょうこうみいそくほう》と言って、六根のそれぞれに対応する（眼—色、耳—声、鼻—香、舌—味覚、身—触覚、意—法）感覚のすべてを無に帰せと説いているのである。もちろん、こんな難しい境地を勧めているのではない。ただ「意」が地に張りついてしまうということはよくないと、三蔵法師が砂漠を渡って輸入してきた頃からインドより伝わった教えであるということを銘記されたい。

株式市場などあろうはずもない昔から、このことは、ものの実相を観てとることのできる真の知恵者にはわかっていたことなのであろう。『徒然草』で兼好法師が友にしたい人のタイプとして医者とか物をくれる人とかを挙げているのは私も全く同感だが、友としたくない人に、「病いなく身つよき人」と「たけく勇めるつわもの」というのを挙げている。「意思強く意地を張る人」というのをこれに付け加えてほしいものである。

意思強く意地を張る人は方向転換が利かない。おまけにそういう人は「継続は力なり」などと何の根拠もない諺を好む。継続していたために倒産した例はいくらでもあるし、バブルの頃に不動産投資を継続していた人は大損したし、知力も体力も十分にありながら四〇年継続して一つの貧乏会社に勤続して貧しい定年退職を迎えた人が私の友人のなかに何人もいる。ただし、株の損得よりももっと優先させるべき人生観や美意識があって、それを自覚のうえでやっている場合は別である。そういう範疇はこの本では扱わない。

ところで、株式投資にナンピン買いという手法があるのはご存知だろう。そのやり方は、古く江戸時代、大阪堂島の米相場にもあった。江戸時代の宝暦年間、伊勢在住の大投機家で最後まで成功したと言われている牛田権三郎という人の残した『三猿金泉秘録《さんえんきんせん》』なる古典中の古典がある。そこに「利食い損難」ということが出てくる。儲かったときには利益を確実に手中にし、損になれば安くなった値段で買い増しして平均買い入れ額を低くして損を防ぐ方法のことを言う。一定の幅しか動かないいわゆる往来相場の場合にはこの方法で八〜九割は成功するが、相場が上下に大きく発展し「居所を変える」ケースには、むしろ傷を深くすることもある。米相場の相場師はこのナンピン買い下がりを好まないというのには一理あるし、ウォール街にもプロフェッショナルはそれをしないという意味の格言がある。

ところが意思強く意地を張る人はとことんまでナンピン買いをして、上場廃止寸前まで買い下がる。結果的に大損する。ナンピン買いというものは、自分の初期の価格変動の見通しを誤ったのでそれを少しでも修正するために行なうのだから、それだけの謙虚さが要るはずだ。意地を張る人にはその謙虚さがないから反省がない。だから一面非常に強気でナンピン買い下がり、大損する結果となる。これを市場では「ナンピン・スカンピン」と言って戒めてきた。

ところで、マーチン・ゲールという、賭け金を二倍にしていくゲームのやり方がある。まずはじめに、例えば一〇〇〇円賭け、勝つたびごとに一〇〇〇円ずつ賭けていく。そして負けたときには、次の回に賭け金を二倍にする。プレーヤーは勝っている間はゲームに先んじているのだから、いつ止めてもよい。プレーヤーの儲けは勝った回数だけ増えることになる。この倍々賭けの方法は、確率二分の一のものなら何にでも使える。確実に少額の儲けがあるという堅実・少額・安全なものである。

これに信念を得て、株式相場に応用する頑固な信念派がたまにいる。この考え方に基づいて、ある株を買って一割下がったら初めの分の一割増し分を買い、三割下がったら三割増し分を買うというやり方をとったとしよう。これが「ナンピン買い下がり」である。その株が趨勢的に成長企業のものであれば、たいていの場合は相場の上下変動に気を使わずに大いに儲けることができるが、衰退企業である場合には、どんなに精密に行なってもナンピン買いをした分だけ傷を大きくする。すなわち、マーチン・ゲール法の信念が固ければ固い分だけ大損する。ナンピン・スカンピンというのは、「固い信念」の単細胞思考を戒めているのである。単細胞の固い信念は、固ければ固いほど損を大きくする。何事も信念を持って取り組めというのが一般世間の教訓なのに、信念を持っていると、その信念が固い人ほど大損するというのが株式市場である。信念の人、首尾一貫した人というのは結果的に成功したときの呼称であって、失敗すれば単細胞の人、頑迷な人となるのが株式市場である。ゲームは信念を説く人生相談の教室で行なわれているのではない。市場というジャングルで行なわれているのだ。

水準か方向かを混同する
——そうすると一〇回やって一一回損しますぞ——

一九六〇年（昭和三五年）以来、経済企画庁が発表している景気動向指数というものがある。政府の経済見通しは当たらないとかいろいろ批判を受けるが、少なくとも私は、この景気動向指数の性能を高く評価する者であるし、過去かなり高い性能を発揮してきたことは事実であると述べておきたい。

企画庁の発表が正鵠を射ていなかった場合があるのは、政治家の圧力がかかるからであり、ま

景気動向指数の構成指標

	先行指標11系列	一致指標11系列	遅行指標8系列
1.	最終需要財在庫率指数	鉱工業生産指数	最終需要財在庫指数
2.	原材料在庫率指数	原材料消費指数	原材料在庫指数
3.	新規求人数	大口電力使用量	常用雇用指数
4.	実質機械受注	稼働率指数	実質法人企業設備投資
5.	建築着工床面積	所定外労働時間指数	家計消費支出
6.	新設住宅着工床面積	投資財出荷指数	法人税収入
7.	新車登録届出台数	百貨店販売額	完全失業率
8.	日経商品指数	卸売販売額指数	銀行貸出約定平均金利
9.	マネーサプライ	営業利益（全産業）	
10.	投資環境指数	中小企業売上高	
11.	中小企業業況判断	有効求人倍率	

た企画庁幹部の「出身校」である大蔵省の圧力がかかるからである。このような権力の力学の行方を見誤ると、せっかくの資料が台無しになる。景気は下降に向かったと言えずに「緩やかに減速しつつ引き続き拡大している」などとワケのわからぬ表現となった（一九九一年）。

ところで、この景気動向指数は景気に先行して動く「先行指標」（景気の予感）を一一系列の経済指標とし、これの加工統計から景気の先行指数を出す。景気と一緒に動く「一致指標」（景気の実感）が同じく一一系列、景気に遅れて動く「遅行指標」（景気の余韻）が八系列である。一九六〇年以来、何度も改良を加えて変更し、しかも継続性を失わないようにされてきた。二〇〇〇年八月現在のものを挙げると上の表のようになる。株価は一九八七年に先行指標から削除されたまま今日に至っている。

景気動向指数は景気変動の三つのD（Duration＝期間、Diffusion＝波動、Depth＝振幅）のうち、Depthは測ることはできない。その代わり期間と波動（上下どっち向きか）は、過去かなり正確に測り得てきたものと私は見ている。

この指数が示すものは「レベル」（好・不況の度合い）ではなくて、「方向」（上昇か下降か）なのだと割り切らねばならない。

この景気動向指数を経済企画庁が始めたときより数十年前に一世を風靡したのが、ハーバード大学で作成したインデックス・チャートである。景気推理をはっきり反映する数百の経済指標のなかから少数を厳選して、これを三分類して指数化したのだ。A（投機線と言って株式市場に関するもの）、B（商品市場に関するもの）、C（金融市場に関するもの）である。これは時間的にA線がB線に約八カ月先行し、B線はC線に約五カ月先行することが明らかになった。一時は一世を風靡したが、一九二九年からの大恐慌を予測できなかったため、この方法は中止となった。

ところが、ハーバードのインデックス・チャートは大恐慌を事前に予測し、このチャートを見ていたジョセフ・P・ケネディ（ケネディ大統領の父親）は暴落前にすべてを売り抜いていた、などという伝説がある。彼が一九二九年暴落を回避したことは事実だが、ハーバードのチャートの信頼性については、この伝説は事実と異なる。これを改良したものが、現在のわが国の経済企画庁の開発した、景気動向指数と言われる加工統計である。これは景気の上昇下降の、方向と転換点を調べるものであり、景気の度合いの高さ、低さ、数量景気や不況の深刻さなどは一切測り得ない。

つまり、レベルを測るものではなく、トレンドを測るものなのだ。これを無視して、平成不況の入り口では、水準か方向かの議論があって景気観を混迷に誤導したことがある。当時の経済企画庁のある幹部が、景気下降を宣言することを政治家が嫌ったゆえにか、景気下降を認めず、景気観測は水準か方向か、というレトリックで景気観を誤導した。レベルで測っている限り、戦後に不況はないことになる。

私の学生時代、紙と鉛筆だけでGDPを計算したが、当時は一六兆円ぐらいだった。それが四〇〇兆円、五〇〇兆円となったのだから、レベルで言う限りではこの四〇年間、不況はないことになる。また、当時、東証ダウ平均は一〇〇〇円だった。それが、バブル後の最安値といっても一九九八年一〇月の一万二八七九円だ。一二倍以上だ。

この四〇年間、下降相場はなかったことになる。景気が下降し始めた一九九一年当時にこのレトリックを駆使した「論客」は、成長と循環との区別を知らないのだと言いたい。

景気も相場も、水準で云々するものではなく、あくまでも方向で言うのだ。水準を言う議論はまた別の話である。水準と方向とを混同する人は何十回株式投資しても必ず失敗する。そういう人は、これだけ業績のいい会社の株が下がるわけがない、こんな業績の悪い株が上がるわけがないとのたまう。これでは、最初からマーケットを去るに如かずである。

企業業績の水準など下の下でも、これ以上の悪いことはもう皆無でいまからは改善あるのみとなれば、その「ボロ株」は暴騰する。方向が上向きと出るからだ。極端に言えば、水準（レベル）などには目をつぶって方向だけ見ているだけでもいい線をいく。罫線論（チャート理論）は一〇〇%この考えに基づくものである。

水準と方向を混同して取り違えると、一〇回投資して全回誤り、一一回目に大損することになりますぞ。

「頭としっぽは猫にくれてやれ」を実行しない
――ジャングルのルールにもある「武士の情」――

武士の情という古い言葉がある。およそギャンブルのルールに無関係と思う人がいるかもしれないが、そういうものではない。こういう人間の基礎的なたしなみというものは、市場行為のなかでもときたま関係してくるものだからだ。だいたい、武士の情などという言葉はいまはもう死語になってしまったし懐古趣味にすぎないという人も多かろう。だが、そういう人は自らの心境や物を見る目がそうなっているだけであって、よく見るとそんなに捨てたものでもない。

土俵で勝った力士は、それが優勝を決める重大な一戦であっても、ことさら無表情に控えて派手なガッツポーズなどしない。行司の軍配が上がった瞬間に、もはや勝負は決まったのだから、それ以上のガッツポーズをしないというたしなみは、相手をこれ以上は叩かないという「武士の情」からきているものと思われる。日本の話ばかりではない。アメリカの大リーグで、もはや大差がついて勝敗が決まった最終回で勝っているほうが盗塁などやろうものなら大いに顰蹙《ひんしゅく》を買うというし、試合後、監督から大リーガーのたしなみというものを説教されるという話だ。

一九六四年の東京オリンピックで大松博文監督率いるバレーチームが、世界無敵と言われてきたソ連を敗って金メダルが決定した瞬間、選手たちは抱き合って号泣しているときに、当の大松監督は眉一つ動かさず淡然として椅子に腰かけたままだった。失意泰然・得意淡然。この姿が非常に印象的だったので、後年、彼に会ったときそれをたずねたら、「意識にないが、おそらくそうだったのでしょう。当然のことです」と答えられたことを私は記憶している。『三国志』の諸葛孔明は、私の少年時代、「吉川三国志」を読んで最も尊敬する人物として心に残ったが、敵を完璧なまでにやっつけないで、相手の戦意をくじいたらそれでよしとするとしたところが気に入ったのかもしれない。後年考えれば、これは国際間の損得の力学からきていたものであったことを二〇～三〇年後に『孫子』を精読して知ったのであったが、当時は武士の情と感激した。

武士の情と言わないまでも、たしなみというものがある。四十数年前の映画『眼下の敵』のラストシーン近く、アメリカの駆逐艦の艦長とドイツのUボートの艦長が互いに艦上で相手を認め合って挙手の礼をしたところは名画の名シーンとされたが、最近ではイエメンの騒乱を映画化した『英雄の条件』のラストシーンでも、アメリカ海兵隊大佐とベトナム軍大佐とが互いに認め合って挙手の礼をしたところが名場面となった。およそ投機について語るときにこんな話をなぜ述べるかと言うと、次に、これに関する重要なことを言いたいためである。

後になって振り返れば、ほぼ大底近い値段（大底から二割ぐらい上）で買って、見込み通り二倍になったので売ったら、そのあと三倍になった。こういうことはときどきある。稀なことではない。こういうときに人は二種類に分かれる。これにて足れりと静かに、自ら足るを知って、自分の利食い玉を買ってくれた市場の見知らぬ人もまた自分と同じぐらいの値幅をとれた可能性があるとして安堵の気持ちを抱く人、これを甲の型としよう。もう一つの型は、せっかく俺が苦心して狙っていた銘柄を大底で買えなくて二割も上で買ってしまったし、利食いしてからまた大幅に上がった、釣り逃がした魚は大きい、と言って悔しがる人、これを乙の型としよう。結論を言うと、乙の型の人々はさっさとカジノを去るに如かず。

乙の型の人、この人はゲームに向いていない。続けてやっていれば大損するか、または儲けても不快が残り、楽しい人生は送れない。カジノを去っても、万事このような心境でうまくいかないことが多いと思う。私は野村証券で、本店営業部のときも地方支店のときも支店長のときも、いろいろな投機家・投資家を見てきた。乙の型のほうが実は多い。私が最初に甲の型の典型を見たのは、本店営業部時代に出会った大田区のさる事業家だった。多少気位の高い人で、気どりがあったのかもしれないが、「自分の買い玉に売り向かった人も最安値から二〜三割上で売れた」と言って安堵し、「自分の売り玉に買い向かった人も、その後かなり上がった」と安堵するのである。私は道義や礼儀を説く気はない。そのぐらいの余裕というか、たしなみというか、投資家矜持というか、そういうものを持ち合わせているような人でないと投機は成功が覚束ないということを言いたいのだ。

人は大底で買おうと狙っていてそれを逃がし、せっかくの着眼も狙い目もよかったのにと悔しがる。こういうことがないような人はたいてい甲の型の人だ。また、人々は高値で売ろうとして大天井を逃がし、下降し始めても次の戻りを狙っていて（これを市場用語で「売りたい強気」と蔑む）それを売り逃がし、せっかくの利食いのチャンスをフイにする、こういうことがないような人、これも甲の型の人だ。

私の畏友に野村証券の罫線家で営業一筋の男がいたが、彼の口癖が「慈悲の心」である。これは安値の上を買い、高値の下を売り、ストップ高に対しては必ず売り玉を提供し、ストップ安には必ず買い向かうということを鉄則としていた。「それほど買いたいなら（後日いくら上がるか知らないが）売ってあげましょう」と、ストップ高に対しては必ず売った。そのやり方を何十年も続け、結構、得意先から信用がありファンも多かった。私は慈悲の心という大それたことを説く気はないが、武士の情、投機家のたしなみ、と言ってこの話を述べてきた。が、古来、兜町ではこれをさりげなく言う。「頭としっぽは猫にくれてやれ」。自分の買い玉に売り向かってくれた人、自分の売り玉を買ってくれた人をともに猫と呼ぶのは失敬な話だ。だから、これは昔、愛猫家が言い出した言葉と思いたい。再び言おう、投機家のたしなみは「天井売らず、底買わず」。格好つけて言えば「武士の情」。

マクロとミクロを混同する
――マクロの見方を誤れば奔流に抗して泳ぐことになる――

われわれの日常生活の中心は経済活動にある。いや俺は違う、俺の中心は文化活動にある、私は真善美の追求が生き甲斐です、と言うもよかろう。しかし、そういう人こそ経済活動のなかに生きる者なのだ。というのは、それを追求すること自体が、お金とか時間とか場所とかの条件のなかで、自分のやりたいことや求めることを効率よく達成していく道を選んでいるからだ。それは最終ゴールをどこに置くかの違いだけであって、彼らの日々の営みは経済活動そのものなのである。ましてや事業家、経営者、ビジネスマン、ＯＬ、家計をやりくりする主婦も、すべての日常生活の中心は経済活動にあると言える。そうなれば、この経済の動きを的確に見通して、その流れのなかにできれば効率的に動こうとするであろう。まず、怒濤の流れがどっちに向いているかを知ることであり、その流れのなかで自分がどう泳ぐのか、クロールなのか平泳ぎなのか、ボートを使うのか、ということを考えるようなものだ。前者のほうを考えることをマクロダイナミクスと言う。昔、読者諸賢の学生時代には巨視的動学などという用語もあっただろう。後者のほうをミクロ（微視的）問題と言っている。

マクロの問題（奔流の方向や質を知ること）を読み誤れば、いくらうまく泳いでも、高性能のボートを使っても、うまくいかない。マクロの経済とは、泳いだり小舟を操ったりする個人（ミクロ）や企業（ミクロ）を押し流す奔流のようなものだ。その流れをどう知るか。たいていの人々はエコノミストと称される人々の意見をテレビや経済誌や新聞で見て、それに影響を受けると思う。しかし、自分の日常生活の中心となる活動の根本的な見通しについて、人様の言うことによって決めてよいものだろうか。マスコミを含めて他人の言う意見を中心に据えて自分の経済生活のあり方を決めると、そういう人々は見通しを誤ったときに修正が利かない。また、なぜ誤ったのかを人のせいにする。これでは何年何十年やっても利口にならないではないか。

人の言うことやモノに書いてあることは大いに参考にはするけれども、それは自分の判断のためのデータなのであって、判断と決定は自分一人で行なうべきものであろう。そして、激流の方向や大きな趨勢の流れに翻弄されないでいるための知恵として、古くからいろいろなことが言われてきた。曰く、自分の哲学を持て、自分の信念を持て、迷ったら最初の考えに戻れ、等々たくさんある。が、私は「自分の原則を持つこと」が最も翻弄されないでいることのできる知恵ではないかと思う。原則とは何か。乱暴な言い方で言ってしまうと、大きな奔流（マクロ）のなかでいつも考えておくべきことは次の三つしかない。

①自分のために何かを最大化すること（マキシマイゼーション）
②何かを最小にすること（ミニマイゼーション）
③何かを最適にすること（オプティマイゼーション）

何かを、というのは、人それぞれの目指すものによって異なるであろう。これこそ人の人生観や価値観によるものであるから、ここで定義したり決めつけたりすることはできない。例えば、最小にするものがコストであったり、リスクであったり、悪評であったり、人それぞれ、企業それぞれによって異なるわけだし、また異なってよいのだ。とにかく奔流の方向や型（マクロ）を見誤ったら、いくら泳ぎ方（ミクロ）を工夫してもうまくいかない。奔流に翻弄されないためには自分の原則を持つこと、そして原則は複雑ではいけないのであって、たった三つしかないこと、これをいま述べてきた。これが投機家たる者の最初にして最後の心得であるが、マクロを正しく見るためには、まずは信頼できる先行指標のデータを見ることとともに、自分自身の「勘」を鍛え育てることである。

個々の銘柄（ミクロ）を細かく分析して熟知していても大損する人はよくある。これは木（ミクロ）を見て森（マクロ）を見ないのであり、ミクロにとらわれてマクロの勘を忘れるからである。沢庵禅師の禅書『不動智神妙録』（沢庵原書、市川白弦著、講談社）に次のようにある。「たとえば一本の木に向うて、そのうちの赤き葉一つを見ていれば、残りの葉は見えぬなり。葉一つに目をかけずして、一本の木に何心もなく打ち向かい候えば、数多の葉残らず目に見え候。葉一つに心を取られ候わば、残りの葉は見えず、一つに心を止めれば、百千の葉みな見え申し候、是を得心したる人は即ち千年千眼の観音にて候」。これは、ミクロにとらわれる心を戒め、全体を直視せよという教えである。私は日本剣道連盟の居合道の段位を持つ者であるが、剣の世界にも、一目で全体を見ていろという意味の「遠山《とおやま》の目遣《めづかい》」という口伝がある。

純情可憐派、一見正義派
――さっさとカジノを去るに如かず――

私は前著『投機学入門』で、大損する人には一〇種類のタイプがあると述べて、その第一番目に、情報や説を鵜呑みに信ずる人をまず挙げて、こういう人は実は案外多いのだが、この人々は無邪気あるいは単純なのだと説き、無邪気・単純はゲームには向かないと説明した。そのことをここで若干補足したい。

一九六六年に、SEC（アメリカの証券取引委員会）が「一〇カ条の注意事項」というものをつくって広く投資家に呼びかけた。そのなかに「予想や噂で買うな。事実で買うべし」というのがある。本当にこの言葉通りにしたとしたら、手の早い人々の利食いの売りを消化するために常に高値で買うべしと言われてそのとおりにしているのと同じである。こんなバカな話はない。ウォール街に「噂で買って事実で売れ」という格言がある。事実が確認されてからでは遅いのであって、そのときはすでに噂の段階で買った手の早い人々の利食い売りが待っているだけだというのである。株は予想や噂で買うものだ。事実だけで買っていたのではいつも高値を買う。儲かることもあるだろうが、それでも、手の早い人々のあとの高値を買うことになる。

噂で買うな事実だけで買えというのを言葉通りに実行したら、それは人の噂を鵜呑みにする人の対極をなすが、やはり、それは単細胞の純情派以外のものではない。情報を鵜呑みにして買う人と、事実が現われてからしか買わない人とは正反対のように見えるが、そうではない。馬蹄型の両端が近いように、この両者はきわめて近い純情派である。極右の人と極左の人とがよく似たイデオロギーを説くことが稀にある。例えば、二・二六事件の理論的背景をなしたとして銃殺刑に処せられた北一輝は極右のように思われがちだが、彼が説いたのは国家社会主義とでも言うべき極左思想だった。噂を鵜呑みにする純情派と事実確認してからでないと買わない純情派は馬蹄型の両端であってきわめて近い。いずれもゲームには向かない。

投機とギャンブルの違いは、それをやる人の精神状態にあると私はやはり前著で述べた。その違いは次のようになる。つまり、ギャンブルは経済活動に関与していないし、常にゼロサムゲームであって、経済社会に何の役割ももたらさないという一事に尽きる。たとえ経済現象に関することであっても、自ら市場に資金を投入しないで相場の現象だけを当てっこして差金の授受を行なうことは賭博行為として、証券取引法で禁じられている（証券取引法二〇一条、相場による賭博行為の罪)。すなわち、経済現象に賭けても市場に資金参加していなければ、それは投機ではなくギャンブルだというのである。この商取法の規定は誠に的を射ている。自分が資金を投入しない市場の推測は、資金投入したときの推測と全く別の心境においてなされるものだからである。

資金参加しないで論評する人の言い訳には少し気をつけたほうがいい。「私は自分が冷静で適正な評価ができるように自分の金は市場に投入しない」などと、したり顔で言う評論家も稀にはいるが、その動機は善とするも、そんなのは真実の投機・投資の見方というものに頓着のない純情可憐な言い分であるから、そのことをわきまえて聞いておいたほうがいい。

ゲームは経済学の教室や会議室で行なわれているのではない。それは市場というジャングルで行なわれているのだ。市場を知らずに経済を論評する人が稀にはいるが、そのような人も純情可憐派に属するのであって、純情可憐派や正義派はおよそゲームには向かない。ではマーケットは不純で不正義かと言えば、そういうものでもないだろう。およそ正義を叫ぶ世論の大半は、その人の心奥にある嫉妬が正義の仮面をつけて叫んでいるという場合が多いから、市場はいちいち人々の嫉妬にかかわっている暇はないということである。また、市場というものは正義か不正義かということよりも、経済合理性というロゴス(論理の神)の力と、射幸心や恐怖心というパトス(情熱の神)の力とによって動く。

正義・不正義は、その動きのなかで自ら顕現されたり、滅亡させられたりするものだと思いたい。だから、評論家であれ投機家であれ、個人があえて市場を知らずにその正義・不正義をいちいち論ずることは無意味と言っているのである。およそ純情派と自称正義派はゲームには向かない。カジノの外でカジノを論評する人がいてもそれは結構である。だが、ここで繰り返して言おう。ゲームはジャングルで行なわれているのであって、それを支配するのはジャングルのルールなのだ。

嫉妬・悋気《りんき》派
――ゲームに向かない人の典型――

嫉妬ほど人の判断を狂わせるものは世に珍しい。戦後の目覚ましい経済成長によって、人の意識は一億総中流となった。総理府の統計によれば、自分は中流の上・中・下のどれかであっていずれにしても中流だと考えている人々は、全国民の九二%である。これは一億平等意識を生む。平等ということは、自由・博愛とともにフランス革命の掲げた輝かしい旗印だった。これを一億の国民が達したということは、フランス革命が多くの血をもって購《あがな》った理想を日本は経済成長という力で無血で達したという、人類史上の輝かしい成果ではある。その代わり、日本はかつてない嫉妬の時代に突入した。

われも中流、彼も中流とくると、われにないものを彼が持っていると、嫉妬に狂う。嫉妬というのは自分にない富・権力・能力を持っている彼に対する憎しみの感情である。この感情は、彼のいるところまでわれを高めて行こうというアメリカンドリームとは異なり、われのいる平地まで彼を引きずり降ろそうとする劣情のエネルギーであり、このエネルギーは何も生まない不毛のものである。

いや、不毛どころか、大いなるマイナスを生む。このマイナスエネルギーによってわれの心はむしばまれ、むしばまれた心を持つ大多数の意見が世論となり、しかも悪いことに、嫉妬のエネルギーで叫ぶ人々は必ず、不公平の是正とか、社会正義の実現とか、ヒューマニズムとかの仮面をつけて活躍するものだ。実に「嫉妬は正義の仮面をつけて登場する」のだ。だが、格段の差のある者に対しては嫉妬は生じないものだ。例えば、ビギナーのゴルファーがシングル・プレーヤーに対しては嫉妬しないで、ビギナー同士が嫉妬する。また、競争圏外の者には嫉妬しないものだ。プロゴルファーは俳優には嫉妬しないし、日本の「中流所得者」はアメリカの高額所得者には嫉妬しないものだ。そうなると、一億総中流、総平等のはずだと思い込む人々は、日本史上かつてない嫉妬の坩堝に自ら飛び込んだのだ。

世間には、無くさなければならない差別（例えば、人種差別）が厳存することは事実だが、あってしかるべき差別（例えば、働きに応じた報酬の差）も厳存し、また、如何ともし難い差別（能力の差、生きた時代の差）もある。この三種の差別があるのだが、この三つを区別する能力がなくて、ただ差が生ずることが正義に反するという劣情を持つに至る人々があまりに多いように思う。

運動会で早い遅いの差別を無くすために序列をつけない学校があると聞いて、まさかそんな「不公平な学校」が公立で許されるはずはないと思ったら、ある市立小学校で実在した。とんでもないことだ。それは速く走る能力のある子を遅く走らせるという不公平が生ずる。そして遅い子を速い子に並ばせようという人工的無理を生じさせる。これこそ不公平・不平等ではないか。

このような惨めな姿にまで日本の嫉妬は至ってしまった。これが経済観に及ぼす悪影響は計り知れない。これによって世論は誤り、したがって政策が誤導され、結果的には嫉妬する人々がワリを食ってしまうのだが、嫉妬ほど伝播力の強いものはない。赤穂藩の大石蔵之助は江戸・元禄時代のワイロ政治に対する嫉妬を意図的に江戸に広めて世論とし、赤穂浪士の討入りを成功させたという見方もある（『四十七人の刺客』、池宮彰一郎著、新潮社）。

いわゆる平成不況がバランスシート不況となって根雪の深いところが厳存するがゆえに長引いた（もちろん、一九九六年夏に決めた政策ミスが一〇年不況の後半の従犯となるが）。これを先見してまず株式市場だけは世がバブルで浮かれている真最中、たいていの会社が創業以来の好業績の真最中に、日経平均株価は一九九〇年一月から三月末までのわずか三カ月で一万円下がり、残りの六カ月でちょうど高値の半値（三万八九一五円が二万円割れ）となってしまった。こんな暴落は七〇年ぶりのことで、昭和恐慌の引き金になった大正九年の暴落以来なかったことだ。

人の一生に一度ぐらいしかない七十余年ぶりの大事件は、きたるべき大変化を予見したものとしてマーケットを知る者は恐れ、戦慄した。が、嫉妬に狂っていた人々は、「俺は株で儲けてなんかいない。あんなものは一部の欲の皮の突っ張った奴らのものだから、下がるほうがいいんだ。これで世の中も少し落ち着いて正常になる」などと言って、七十余年ぶりの大事件の凶兆と見ずに喝采の目で眺めた。俺は株も土地も持っていない。株も土地も暴落して正常になるのだと。

ＢＩＳ規制が発動されて銀行貸出しが細り、やがては自分が一番ワリを食うのだということを彼らは知らなかった。無知から生ずるマーケット観ではあったが、この無知は嫉妬に狂う者に往々にして宿るものだ。嫉妬という劣情はすべての眼を曇らせ、すべての知性を奪う。これが当時の世論を形成し、したがって政策を誤導した。つまり、むやみに金融を引き締めてオーバーキルしてしまった。うまくコントロールしながらソフトランディングさせる舵取りを奪った。土地政策を「総量規制」という金融政策で突っ張る愚を犯し、そのために後年、自らＢＩＳ規制に苦しみ、バランスシート不況を拡大するハメになったのだ。これすべて嫉妬によるとは言えないまでも、嫉妬という劣情が正義の仮面をつけて活躍したので恐ろしいことになった例だ。

この本質的なことは、いまに始まった話ではない。福沢諭吉も『学問のすゝめ』に「怨望の人間に害あるを論ず」という一章をわざわざ設けて、「およそ人間に不徳の箇条多しといえども……害あるものは怨望より大なるはなし」と嫉妬の害を詳説しているほどだ。

ところで、兜町には古くから「悋気《りんき》売り」という言葉がある。江戸時代の大阪堂島の米相場以来のものかもしれない。これは自分の買ったものが上がらないで他人のものばかりが上がるのを嫉妬して自分の玉を安値で投げ、他人の銘柄の暴落を願ってそれをカラ売りすることである。悋気（嫉妬）のなせる行ないであって、投機家のやることではない。これを市場用語で悋気売りと言って自ら戒めてきた。

相場通は、悋気（嫉妬）は大損を呼ぶことを知っている。それだけに、嫉妬で狂った叫びが「正義の声」となって世論を形成し、それによって時には政策も誤ることを警戒している。多くの自殺者を出した江戸以来の米市場と明治以来の株式市場は、悋気売りの教訓として、自らの悋気を戒めることと、正義の仮面をつけて暴れまわる大衆悋気の正体を教えている。これを知らぬ人はゲームには向かない。さっさとカジノを去るに如かずである。

さて、嫉妬は自我の目覚めとともに始まる人間の性《さが》である。幼児が自分の弟妹として生まれた赤ちゃんを可愛く思うと同時に、その赤ちゃんばかりに両親が関心を寄せる素振りが見られると泣きわめく。これは人が最初に味わう嫉妬であり、幼児だから泣きわめくという行動ができるので、そこで解消されて自己の精神の安定を得ることができるのだ。ところが、大人はそうはいかない。嫉妬は内々にこもり、それがくすぶって一つの考えを構成するに至ると、それは必ず正義の名のもとに主張される。不平等の是正、社会悪の糾弾などなど、いくらでも出てくる。これが世論を狂わす。

一部マスコミは世の中の嫉妬の感情を利用して販売政策としているかに見える。そういう新聞は世の大勢に全く影響のない個人の不正利得をトップ記事に載せることがしばしばである。これが商業新聞の販売政策だと言えば、なるほどそれは日本史上初めての猛烈嫉妬の時代を迎えてのうえでの、見事なマーケット政策であり、販促方針だとほめておこう。しかも正論を指導する新聞という顔をしていれば、見上げた営業力である。だが、ひょっとして記者も編集者もが嫉妬に陥ってしまって自分ではそれに気づかないで、ミイラとりがミイラになっているのではないかと思われるフシもある。そういうマスコミの論調に他愛もなく同調し、嫉妬の劣情が根底になっているることを見抜けないでいると、そういう人は投資を誤るものだ。

私がこの項で述べたいのはそれだけではない。投資家自身が嫉妬に狂ったら、それは大損しますぞということだ。あの成り上がり者が経営している会社はどうせロクなことはない、必ずダメになる、と言ってカラ売りしたら、その「成り上がり者」の勢いが株価に伝わって三倍になった、などという話はよくある。株価も成り上がるのだ。一九九九年後半から二〇〇〇年二月にかけてのIT関連株の一部にそういうのがあった。その時価総額は大きいので、それにかかわった投資家の損は巨大だった。

ところで自我のないものに嫉妬はない。自我とは、自分はこういう人間だ、と思っているところのものだ。だから、それは必ずしも現実に存在する自分と客観的にイコールではない。幻想が入り込んでくる。自分は現実には貧しいがもっと儲ける能力があって、本当は金持ちになる資格があるのだと。これを幻想我と言おう。

ゆえに、自我とは現実我プラス幻想我である。そして、厄介なことには、そこに自分の意識していない意識下の部分があるということだ。例えば、記憶にない幼児の頃に犬に噛まれた人は、その記憶が全くなくとも生涯にわたって犬が怖いというように、意識下の部分がある。これを心理学者は「エス」と言っているようだ。だから自我とは、現実我プラス幻想我プラス「エス」である。図式化すると（自我＝現実我＋幻想我＋エス）となる。こういう複雑な自我を統御して明鏡止水の心で相場を見よ、というのは難しいことではある。

市場は現実だから、われも現実でなければならない。市場に立ち向かって「あらまほしき自我」とは、現実我のことだ。いま述べたところによれば、前述の方程式により、現実我＝自我－幻想我－「エス」ということになる。ところが「エス」とは意識下にあるものだから箇単に取り除くわけにはいかない。そこで、いきおい市場と格闘する相場師は瞑想の世界に入ったり、禅の世界に入ったりすることになる場合がある。ここに投機（スペキュレーション）の語源である哲学的思索・思弁・熟考などとのかかわりあいが出てくる。だが、そうすることによって、果たして真の現実我が得られるかというと、これはまた難問である。われわれはこれをまずは諦めてかかるほうがよいのではなかろうか。そして、一つはっきりと言えることは、嫉妬が自分の考えの奥底にないかどうか、ということを醒めた心で考えてみることであろう。これを常々繰り返していれば、大損する人のはまりやすい六番目の罠は避けられるであろう。

ところで私は「人が市場でやってきたことをずうっとつなぎ合わせてみると、信じようと信じまいと、そこに一つの人間像が出来上がる。それが自分なのだ。自分自身を知らなければ株式投資は高くつく」と言ってきた。市場とは現実のものだ。ゆえに市場での自分の軌跡が現実我なのだ。これをわきまえない人はゲームには向かない。大損するのがいやならさっさとカジノを去るに如かずである。

予測、予言、予想、投資家が必要とするのはどれか
――どれをとるのが利口か――

「予測」というのは、過去の経験（過去の資料や軌跡などをもちろん含む）を利用することが可能なものであり、それを数量的・計数的にとらえることができるものを言う。過去の資料や経験

を利用しないものは予測と言わない。それは「予言」だというのが私の考え方である。また、過去の資料や経験を利用するといっても、それを計数的に把握し、数量的にとらえることが予測するための条件であって、計数・数量化がなければ、それは「予想」であって予測ではない。

予測・予言・予想の三つを区別しないで、予想のことを市場予測と言ったり、予測を求めて実は予言に遭遇して喜んで帰る投資家が多い。私は証券会社で一五年間、予測と予言と予想とを識別して人の話を聞き、モノを読むように努めてきたので、「予言」のパワーなどはよく見てきたつもりである。予言者というのは過去のデータを用いないで未来を語るから、それは私の言う自然科学の態度ではないのだが、往々にして予言者は自己陶酔して万事を断言する。悪いことに彼らには弁説の才もあり、風貌もひときわ、それらしい雰囲気がある。語る内容よりも語り方の態度と風貌である。聴衆はこれにしびれる。これを私は「ノンバーバル（非言語）の世界」「態度と風貌の理論」と名づけて彼らを観察してきた。繰り返すが、予言者は過去のデータを用いない、風貌態度はそれらしい雰囲気があり、弁説の才があり、という特色がある。結果は当たることもあり、当たらないこともある。

われわれが求めるものは「予測」であらねばならないだろう。そして、予測のうちで、いわゆる時系列分析が主となる。時間の経過につれて変化していく数量を計測したものが時系列データであり、このデータからいろいろな変動の構成要素を分析するのが時系列分析と言われるものである。一九九四年以降は株価は鉱工業生産指数の動きに八カ月先行するとか、一九九一年から九四年までは三カ月先行したとかいうのは時系列分析の基礎である。

ところで、変動には大きく分けて、傾向が変化して大きな流れが変わったことを言う傾向変動と、同じ傾向の流れのなかで生ずる循環変動とがある。この二つを見誤ると、どんなにうまく立ち回っても労苦多く実入り少ない結果となるか、あるいは大きく損をする。これは株式投資も事業も同じであろう。また偶発的に生ずる不規則変動というものがあり、これは景気循環論の世界でも真剣に扱われて、カレッキの不規則衝撃理論などという一派をなしてさえいるほどだ。

ここは傾向分析やチャートを詳述することが目的でないので詳しくは述べないが、移動平均法とか最小自乗法とかの簡単で優れた方法がチャートのなかで多く取り入れられている。私が証券会社の頃は日曜日をほとんど一日中かけて、二〇銘柄ぐらいの移動平均線と陰陽足を引いたものだが、いまはパソコンで三秒で出てくる。三秒で出てくる便利さゆえに人はよく、過去のデータを見て未来を予測するという自然科学の観察実験の基本の尊さを忘れがちになり、予測も予想も予言も混同してしまうようになったと私には思われる。

さて、チャートを描いてみて、大勢上昇時は、そのなかの小循環の安値ポイントを結ぶ上昇傾向線を確認し、大勢下降時は、そのなかでの小循環の高値ポイントを結んで下降傾向線を確認するというぐらいの簡単なやり方でも、長期の趨勢は見れるものである。こんな単純なやり方でも、これは「過去に起きた事実を観察して未来を推測する」という、事実と観察に対する理性の信頼を基礎とする、すぐれて自然科学的態度だと言える。誰々が下がるだろうと予測したから下がるようだ、というのはいわゆる訓古の学であって、これでは錬金術師が結局は失敗した轍を踏むことになる。

シンクタンクの経済予測が当たらないわけは先に述べたが、政府の経済予測はなお当たらないということになっていた。古い話だが、財界のある人物が「政府の経済見通しとフランス女の言うことは信用するな」と放言し続けたので、パリに駐在した経験のある山一証券の当時の幹部が噛みついたことがあった。そのくらいに政府の経済見通しは当たらないことになっていた。なっていたと過去形を書くのには理由がある。一九九九年の日本のGDPは、おおかたの民間シンクタンクの予測はマイナス一〜二％であったが、堺屋太一経済企画庁長官は〇・六％のプラス成長だと言い続け、それがどうやら危なく思われたときでも、自分は一度も疑念を抱いたことはないと言い続けた。結果的にはプラス〇・五％となった。これを某大新聞は政府見通しに届かずと大見出しをつけたが、ほとんど皆がマイナス一〜二％と言っていたのにプラス〇・六％と言い続け、結果がプラス〇・五％だったら大当たりと言うべきものではないかと私は思う。

政府見通しが当たらないのにもわけがある。というのも、「予測は当たるものではなく当てるものである」という考えが、政府には当然にある。当たるという自動詞を使わずに、当てるという他動詞を使う。政府予測は当たる当たらないというものではなく、願望を含めた計画値なのである。願望、計画といっても、少なくとも政府の政策をもってすれば達成できるものを言うのはもちろんである。一九九八年にある大手生保のシンクタンクが、一九九九年を大幅マイナスと予測した。そして、その大誤差を司会の田原総一郎氏がテレビ討論で例の調子でなじると、その大手生保のシンクタンクから出ている若い代表者は言ったものだ。「当たらないでよかったという予測もある。私たちは経済政策の担当者や民間経営者に景気回復への厳しい決意を促すためにあえて『当たらないでよかったという予測』を警告として発表したのだ」とやってのけたので、一座の失笑を買った。テレビ聴衆はもっと笑ったに違いない。一コマの漫才としては見るに足るものだったが。

さて、当たる当たらないの問題でなく、当てるようにさせるかさせないかの問題である、というのは政府経済見通しだけではない。それは民間の企業の経営者の発表する事業計画とその予測である。この予測というのは、社長自らが為政者として政策の全責任者であるわけだから、自分の政策効果の及ぶものならば願望を含めた計画値であるはずだ。それなくして単なる予測というのはあり得ない。これが天気予報との違いである。

ところが、投機家・投資家が求めているのは「願望を含めた計画値」ではない。どこに落ち着くかという結果の客観的予測であり、言うなれば天気予報的・客観的なものである。これと希望的計画値とを混同するから、マクロもミクロもともに見方を誤るのだと思う。

金銭観を誤っている
――お金は欲望の塊であるとともに自由の拠り所にもなる――

永井荷風の蓄財とケインズの投機活動

金銭は欲望の対象であると同時に自由の根拠にもなる。ケインズの投機行為をハロッドはその著書『ケインズ伝』のなかで「それは彼の自由のための戦いであった」と言っているし、永井荷風が自由でいられるために金を残しておいたという蓄財観も、これを言う。一方、金銭は人間の永遠に満つることない欲望、すなわち、不満を象徴している。この不満は、向上や事態改善の原動力でもある。

自由は、金銭を無視して世俗に超然とすることによっても得られるかもしれないが、逆に、金銭を十分に備えることによっても得られるというのも事実だろう。前者は、例えば芭蕉や西行であり、俺は後者でいくとはっきり宣言していたのは、例えば永井荷風やケンイズや古代ギリシャの投機商人たちであろう。文豪永井荷風とケインズを並べるのは妙な感じがするかもしれないが、自由でいられるために金を貯めたというはっきりした意思を持ったという一点において、また、そのために生涯自由に生きたということにおいて、両者は似ている。古代ギリシャの投機商人たちは数学・天文学・哲学・芸術を研究し楽しむ自由を確保しておくために、盛んに投機活動をした。彼らにとって、投機で儲けた金は意思と自律の所産であり、自由のための糧であった。精神の自由のために十分な金が必要と考えた。

日銀の調査局長をした吉野俊彦の著作に『「断腸亭」の経済学――荷風文学の収支決算』（NHK出版）という大作がある。荷風の詳細な伝記である。荷風の愛読者で当代一級のエコノミストでもあった著者は、最終章を「荷風とケインズ」で結んでいる。荷風の長年月にわたる日記を「文学的価値はほぼ定まっていると言ってよい」としながらも「経済学者の河上肇の日記などに匹敵する第一級の経済史の資料になっている」として、これを「荷風が若い頃、横浜正金銀行の行員だった経験や、……女性遍歴のコストとの関係」について書かれたものでありながら、大正・昭和の四十数年にわたる経済変動史をフォローするために同書を著したのだと言っている。

荷風が「金のための文筆生活をしないで済むためには金が必要だ」「書きたいときに書きたいことだけを書くという自由を確保するために金が必要だ」とし、「関係した女性にどれだけ身受けや待合経営のための資本の供与や玉代などのコストをかけたか」（前掲書）を自由にできるための金だったのだ。「何々から自由でいられるために」と「何々する自由のために」、金が必要だったのだ。

荷風が没したとき遺体のかたわらに各種の預金通帳入りのボストンバックが置いてあったことは有名な話で、二三〇〇万円の預金は大文豪の預金としては少なすぎるかもしれないが、物価水準から考えて、当時（昭和三四年没）の老後を自由でいられるための資金としてはまあ十分だったのだろう。世間が何と言おうと、敢然として自ら好きなだけ好きなことをしたあげく、もはや好きなこともなくなったと思えば誰の世話にもならずに死ぬという死に方だった。

ケインズは、リディア・ロポコヴァというロシアのバレリーナに恋し、その公演の一等席をいつでも欲するときに確保できるようにある程度まとまった金が必要だった。写真を見ると大きな澄んだ眼をした知的な美人で、これが終生の彼の愛妻となる。ブレトンウッズその他の国際会議の往復にはいつでも彼の側には彼女が寄り添っているという写真をたくさん見かける。

そして何よりも、欲するときに学究生活に専念するための自由を確保しておくための金を必要とした。彼はやりたいときにやりたいことをやって誰をも恐れなかった。そのためには「何事からも自由でいられるための金銭」が必要と考えたのだ。第一次大戦の戦後処理のことで時の首相ロイド・ジョージとやりあって、「ドイツに対してそんな多額の賠償金を孫子の代にまで課するようなことをしてはならない」と主張し、「そんなことをすればドイツは将来、極端なインフレと失業を生み、強力な独裁者の誕生を国民が渇望するようになるだろう」と言って、後のヒットラーの出現を予言するようなことを主張した。

とにかくケインズは、このことで辞表を出して大蔵省の役人を辞めてしまう。後に首相となったチャーチルがケインズに熱いラブコールの手紙を送り、「最近、日々、ケインズ先生の意見に自分は近づいていくのを感じます」と言えば、ケインズは「残念ながら、私は昨日意見を変えたところです」などと返事をして、ロイド・ジョージをもチャーチルをものけぞらせた。精神的に自由でいられるための金が欲しかったが、彼の父は由緒ある学者であっても、たいした遺産はなかったので、ケインズは大学院の頃から為替・株式投機をして一時大損したが、最終的には邦貨換算六〇億円ぐらいを儲けたし、母校キングスカレッジ（ケンブリッジ大）の資金運用担当者としても株式投機でその資金を一一倍に増やしたりもした。好きなときにやりたいことをやり、それが皆、ノーブレス・オブリージュにも適合していた。八面六臂の活動をして華麗に生きた。その自由のために金が必要だったのだ。

私は学生時代にケインズに関心と興味を持ち、それに不覚にも没入した。そのことが卒業後の就職や生活感情に大きく影響したし、いまだにそこから抜け出せない始末だ。私が学生の頃に荷風は没したが、その直後、一橋大学の中山伊知郎教授は、荷風をケインズと対比して書いた小論を発表した。ケインズも荷風も私には関心の深かった人だったので、その小論は鮮明に私の脳裏に残った。

中山伊知郎教授はこう言っている。荷風が預金通帳の入ったバッグを傍らにおいて死んだことをとやかく言う人は少なくないが、生活のためのいやな執筆をしないで好きなことをやり、それをまた執筆の材料にするという自由を獲得するためだったと考えれば、その活動の分野こそ経済学と文学という違いはあるにせよ、荷風とケインズと全く同じであると。彼らにとって、お金は意思と自律の所産である。自由のための糧である。お金のない者に精神の自由はないのだと読める。以下、中山教授の文を引用する。

「ここで言いたいのは金額のことではない。この金を『自由のために』持っていたという荷風の言葉である。……市井の人情の美しさを探求した文学者と、経済の世界で指導的な役割を果たした学者とその経歴があまりにも違う。しかし自由と財産とを結びつけて考えている点と、その考えを貫いて努力した一面とではたしかに共通したものがある。金はせいぜいそのための一つの手段にすぎない。しかし、この一つの手段でも確保することは容易ではない。意識してこれを果たした人は、自由に対する信念もそれだけ強かった人と言えるであろう」(『徹夜の記録・随想』、勁草書房)。

慶応大学の気賀健三名誉教授は「自律的に生きて自由に至る」ということを言われた。また私は中学生の頃に、『自由と規律』(池田潔著、岩波書店)というイギリスの高校の寮生活を書いた本を読んでジョンブルの自由と自律のことを知り、自由と自律というものに対する深い憧れを持った。

ところで私が、自由は金によっても得ることができる面が多いということを知るようになったのは少し遅かった。ケインズの投機行為は、「自由のための彼の戦い」であった。投資に臨むには自分の金銭観を確認しておくことだ。これがないと、株式市場で損する人の一典型となる。

金は金なのだ——これが合理主義というものだ

合理性の最先端とも言えて、その象徴と言ってもよいものに数学の世界がある。これこそ古代ギリシャに始まった合理的・論理的思考法の象徴となる科学であった。その数学の世界に秋山仁という学者がいる。数学オリンピックの日本団の団長をしたこともある人だ。「四色問題の証明」という難問に挑んだ著名な在野の数学者で、少しく変人と言ってもよい。

四色問題とは、「すべての平面図形はどんな模様でも地図でも、必ず四つの色で塗り分けられる」というものである。四色で塗り分けられるということは何千年も前からわかっていた。だがその証明ができないで、いままできた。その証明に彼は挑んだのだ。ところが、たしかイリノイ大学だった思うが大型コンピュータを駆使してこれを証明してしまったので、彼は失意のときをしばし過ごすのであるが、この天才とも言うべき数学者の公開講義に、私はバブル最盛時の夏の涼をとるために何夜も通ったが、非常に面白かった。その数学教授が言う。「僕にとってお金は夢を実現するための不可欠のツールなのです」「人生の勝負の時に一気に吐き出せるように普段は徹底して倹約する」「潔くお金を使えなければ、人は絶対に動いてくれないことくらいは知っています」（以上、日本経済新聞、二〇〇〇年一一月五日付「私の貯金箱」より）。当たり前のことであろう。これを少し変人の数学教授が言うから楽しくなるのではないか。合理的・論理的思考の最先端をいく、その固まりのような彼の金銭観は、実に一般常識にかなっている。

投資で得た収入は労働の結果の収入と同じだ、と考えることが大切である。これを別に考えると大損する。お金は何をもって稼いでも、その交換価値に変わりはない。労働で稼いだ分の価値が特別に高いというのではない。同じ厚さの札束ならばその価値は同じなのだ。マイホームを手に入れるために貯めたお金を、これをアメリカでハウスマネーと言って特別視するが、ハウスマネーもカジノで得た金も同じ金なのだ。これを区別して後者をあぶく銭などと思う人は株式市場で損する人だ。投機で得た収入は、投機《スペキュレーション》の本来の語義であるところの哲学的思索や熟考や懐疑に悩み、幾夜眠れぬ夜もあったかもしれないからその報酬なのであって、労働で得た札束と同じく貴い。損するタイプとして金銭観を誤っている人を私は挙げるが、そのなかに労働の収入のハウスマネーは貴くてカジノの儲けは悪銭《あぶくぜに》だと考えているような人を含めておきたい。

ところで、労働で得た収入と市場というカジノで得た収入とでは、その金額はケタはずれに違うであろう。だから後者をあぶく銭だと言うならば、そういう人は本当に自分のお金を「あぶく」にしてしまう人だ。私の知人に、ニューヨークで事業で成功して大成り金となって広壮な邸宅に住み、ロングアイランドの広大な別荘に遊ぶ男(もちろん、日本人)がいるが、彼は徹底している。投機で一四億円儲けたのにそのお金は節約して、ニューヨーク・東京間のファーストクラスとエコノミークラスとの航空料金の差額三九万二〇〇〇円を一四億円と同一の性質の金と考えて、両者を同列に並べてその多寡を考える。自分のやりたい冒険的行動のためには湯水のようにお金を使うかと思えば、一方では証券市場への株式投資には一ドル単位の厳密な計算をするという具合だ。これだから金銭の世界で成功するのだ。

自分の投資目的に忠実たれ

邱永漢は、私の分野は経済学でなく金銭学だと自ら言って、経済の流れのなかのお金の問題を、主として法人よりも個人の問題を対象としてたくさんの著作を著した人で、その語り口には一貫した見識がある。その彼が言うには、自分の考えは経世済民を旨として天下国家を論ずる経済学から出発したものではなく、人のポケットの中のお金の問題から出発している、ということだ。

投資家は自分のお金を投資して、利益も損失もすべて自分のポケットに帰するのだということは当たり前だ。天下国家の動きは自分の目的を達するための投資行動のために必要なデータの一つとして重要なのであって、決して正義感や経世済民のための経済観と混同してはならない。政治評論家や経済評論家の見方や言い分は、そこのところが投資家とは違う。したがって、マクロの経済の流れを考えるときに評論家の言い分ももちろん大いに参考にするのはよいが、経済の見方の動機が違うことをわきまえておきたい。例えば評論家が政治・経済について暗い見通しを述べ株価はそれに先行して大幅に下がっていたら、評論家とともに将来を嘆くのではなくて、絶好の買いチャンスがきたと思って喜びの眼で市場を見なければならない。将来は明るいと評論家が述べ株価もそれを先行して将来の分まで全部明るくなっていたら、そのときは評論家とともに将来の明るさを喜ぶのではなく、もうこれ以上に株価は明るくならないのだから、絶好の売りチャンスがくると思って身構えていることが肝要であろう。

　投資家は愛国者であると同時に、その前に、自分の投資目的を先行させねばならない。評論家の言うことの逆をやれというのではない。政治や経済や市場の動きを、自分の目的としたものに照らして見ていようと呼びかけているのだ。世の中のお金の動きを、天下国家とともに悲しんだり喜んだりしていてはだめだ。山種証券の創業者山崎種二は昭和一〇年から一一年初めにかけて、昭和恐慌後の戻り相場を果敢にカラ売りしたが株価は下がらないのでそのままねばっていたら、突如、二・二六事件が起きて大暴落した。国家や国民と一緒になって青年将校たちの正義の決起か内乱か、と心配しているようなことを彼はしなかった。彼も愛国者ではあったろうが、このとき彼のとった行動は、いち早くカラ売り玉を買い戻して巨富をあげることだった。その後、憲兵に引っ張られて、事前にこの事件を知っていたのかと訊問を受けたが、それくらい有名な事件となるほど大々的に売って儲けたのだ。投資家は愛国者であると同時に、その前に自分の投資行動に忠実たれと言うのはこれである。

　一九六〇年代、名古屋の紡績大手・近藤紡績の社長近藤信男は、同社を舞台に、四大証券が上げる相場を人工的で不自然と判断して大いにカラ売りし、一九六五年の証券不況（山一証券が一回目の日銀特融を受けた）に国をあげて株価買い支えに腐心にしていたときも大いに売って儲けた。近藤紡と称された、売り崩しの最大手だった。その後、一九六九年に銀行主導で日本共同証券を、翌七〇年初めに証券主導で証券保有組合をつくって株価を買い支え、日本経済の高度成長の出発点となったダウ平均一二〇〇円を「死守」しようとしたときも、近藤紡は果敢に売った。

結果的には一二〇〇円を支えきれず、その年の七月には一〇二〇円まで下がり、近藤紡は巨利を得た。この頃、金融当局や証券筋から、少し自重してもらいたいという提言が近藤紡に対して行なわれたが、自由市場のなかの適法の投資行動に対してそんなことを言う資格があるのかといって顧りみなかった。

私は山種や近藤紡を讃美しているのではない。国を思うのは教養人のたしなみであり、国民の義務でもある。が、そのことと自分の投資目的とは別の問題であり、愛国者であると同時に自分の投資目的に忠実であれと言っているのだ。自分の目的に忠実でない者がなんで愛国者になり得ようかとさえ言いたい。いや私は投資で儲けなくてもいいから経世済民を考え天下国家を憂えるのだという人は、おそらく立派な人なのであろうが、本書ではそういう「立派な人」のことについては立ち入らない。ちなみに付言すると、さしもの近藤紡も一九七〇年代にソニーと中山製鋼所のカラ売りでは大きく損を出し、近藤紡危うしの噂もあったが、本業の紡績大手として増益で、株の損はさっさと譲渡損の計算をし税務上の正当な還付金を受けてスマしていたということで、またまたさすがだということになった。

嬉しがり屋で語り歩く
——ウォール街にもある「語る者は儲けず」の格言——

自分の投資実績を嬉しがって人々に語るタイプの人が多い。それどころか、まだ儲けも出ていないのに、何々不動産に投資したとか何々株を買ったとかと嬉しがって語り歩く人がいる。むしろ、このタイプの人が大半と言える。はじめに言っておくが、私が四〇年間観察してきたところによると、このタイプの人はほとんど必ずいつかは大損する人だ。

このタイプの人は、株式市場で損をしたときはその原因を外部要因に求めて自らの精神衛生の安定を得て、儲けたときは自分の調査力や判断力や行動力がよかったのだと無意識のうちに決め込んでいる。いわば自分の頭の中の左右の対称がとれていないのだから、いつかは必ず誤るわけだ。私は野村証券で本店営業部はじめ個人営業を一三年やってそのあと最弱年で支店長になったが、その間、ずうっと、このタイプの人々と付き合ってきた。市場参加者はどんな人でも自分の教師である。勉強にならないものは何一つない。こういうタイプの人々は私に貴重な教訓を垂れてくれた。すなわち、兜町で言うところの「語る者は儲けず。儲ける者は語らず」である。同じ格言はウォール街にもある。直訳すれば「誇らしげに語る者は成さず（can not make it）」である。語る者は儲けずと言っても、ごく親しい友人の一人か二人に話すとか、市場のことが話題になったときにその一部として言葉に出るという程度のことまでを指すのではない。あちこちに得意になって語り歩く人のことを言うのだ。

およそ、健全な投資家というものは頭の中の左右の対称がとれている。ある目的のためには自分を律して怠惰や放漫を避け、必要とあらば禁欲もし、自分の行動を効率化していく人だ。たとえて言えば、マックス・ウェーバーが『プロテスタンティズムの倫理と資本主義の精神』（大塚久雄訳、岩波書店）に述べたビジネスマンの像である。彼らは市場で目立つことはしない。市場の果敢なプレヤーであっても自分の投資目的のためにのみ動き、市場というジャングルでは緑の保護色の迷彩色に身をつつみ、世間にいては普通のビジネススーツをまとっていて目立たない。大儲けして湯水のように使える金があっても、それは勤労の汗の結果に得た金と同じく扱い、決して湯水のように消費せず、夜にクラブで時を過ごすことは稀にしかなく、たいていは燈下に読書三昧の時を過ごす。儲ける投資家というのはこういうタイプの人が多いように思う。ひと口に言うと教養人なのだ。この教養人は、自分の儲けを手柄顔に人々に語り歩くようなことはしない。

山形県酒田市に本間家という資産家が江戸時代からあっていまでも健在だが、山形では当時、「本間さまにはおよびもせぬが、せめてなりたや殿様に」と言われたほど、殿様以上の富裕な存在だった。その本間家の米相場の名人で本間宗久（一七一七〜一八〇三年、その傍系の末裔が店頭市場公開会社のホンマゴルフ）の著とされる『相場三昧伝』というのがあり、そこにこうある。「必ず他見無用のこと。秘すべし、秘すべし」と。誰にも語るな、この本も誰にも見せるな。秘しておくべし、というのである。儲けた話やそのやり方を聞くと、投資をやさしいものと思い込んで真似る人が必ず出てきて、そういう人は必ず損をする。そうすると恨まれるだけだから誰にも言うな、というのだ。ずいぶん現実的な伝書であるが、これは「全く我れ一人富まんとするにあらず」なのである。ちなみに本間宗久は晩年は江戸で過ごし、上野の照応寺というお寺にその墓がある。JR鶯谷駅から徒歩七分くらいのところで、大投機家で大資産家の墓石にしては質素なものである。そういうものであろうと納得させられる墓である。

ところで先にも紹介した『三猿金泉秘録』にも、「この書の謂いを三猿と言うは、見ざる、聞かざる、言わざるの意なり」とあり、ここでも「語るな」と戒めている。自分が儲けた話を嬉しがって人に語っているようではその人物はたかがしれている。かつての平成バブル紳士の面々は、おおかた語って歩いたし、自分の投機行為を結果も出ぬのに大いに発表したがった。そういう人々は後年、新聞ダネになるほどの失敗をした。まあ、新聞ダネをつくってくれて、出るときも退くときもにぎやかで結構な見ものとなったし、それなりに話題を提供してくれた人々だから、その面では社会に貢献したということにしておこう。バブル当時のマスコミも面白がって冷やかしたのか債権国の英雄と思ったのか知らぬが、しきりに紙面にも画像にも取り上げた。取り上げられたバブル紳士たちも世界一の債権国の英雄気取りで登場し、教養は金では買えないということを身をもって世に示してくれていたので、なかなかの「教養番組」であった。

ところで、訓戒の内容を七・五調にして短歌風に伝えるものを道歌という。例えば柳生石舟斉（陰流二世）がその道統を実子の宗矩には伝えずに孫の兵庫之助に悉皆皆伝《しっかいかいでん》したので、江戸柳生の宗矩は精神論に走り、真の技法は尾張の兵庫之助に残ったが、そのために道歌を一〇〇首ほど兵庫之助に伝授し、そのほとんどは今日に伝わっている。米相場や株式相場の世界でも同じことであって、子孫に皆伝するつもりで文書にも口伝にもなっている道歌がある。そのなかから次の道歌を選んでこの項の結びと致したい。

相場をば　知りたるよしの手柄だて　知らぬに劣る笑止なりけり

米の得（米相場で儲けた利益のこと）　隠し慎しむ心より　優る極意はあらずとも思う

汝自らを知れ
——自らを知らざれば株式投資は高くつく——

二五〇〇年前、ソクラテスはアテネの人々に対し、汝自らを知れと言った。自らを知らざれば株式投資は高くつく。株式市場で自分のやってきたことをずうっとつなぎあわせてみると、信じようと信じまいと、そこに一つの人間像が浮かび上がってくる。非常に高い授業料につくが、それが自分自身の人間像を見出す一番確実な方法ではある。

慎重一点張りの人が仕手株を買って夜も眠れずノイローゼになり、たまらずに安値で投げてしまう。往々にしてそんなときが最安値だったりするものだ。山っ気の多い冒険児が長期安定株を買ったら、痺れを切らして悋気売りに走る。悋気売りとは、他人の株ばかり上がって自分の株が上がらないのを悋気して（嫉妬して）投げ出してしまうことを言う相場用語である。「隣の家に倉が立つとこちらは腹が立つ」とも言う。

また、自分自身の資金の性格をもよく自覚しておかねばならない。半減しても別段困ることは起こらないお金かどうかを。自分自身を知れば、自分が感情と偏見の固まりであることがわかってくる。いや俺は過大にも過小にも評価していないなんて豪語する人がよくいる。人事査定のシーズンに平気でそうそぶく新任役員などがいるが、そういう人種は、よくしたもので必ず株式市場がお灸を据えてくれるものだ。だいたい、人はすべてのものを過大か過小かに評価しているのであって、適正評価なんてことはまずないのだという謙虚な自覚がほしいところだ。いや俺は違うという人は、試みに、自分が評価した株価が評価通りに、予定通りに動いて、大幅に自己資産増大に寄与してくれたかどうかを見るがいい。そこで、自分自身を認識するはずだ。「自らを知らざれば株式投資は高くつく」――これは三〇年以上も前に出た『マネーゲーム――情報に賭ける社会』（アダム・スミス著、吉野俊彦監訳、マネジメントセンター）という本に出てくる文句である。

著者のアダム・スミスという名前はペンネームで、実名をジョージ・グッドマンと言う、当時アメリカで優れた運用実績をあげていた著名なファンドマネジャーである。彼は、これをアダム・スミスの第一法則と言っていた。二五〇〇年前、ソクラテスがアテネの哲人たちに呼びかけた「汝自らを知れ」という命題は、こうして株式市場で実践の必要性が迫られることになる。

前述したように、自我とは、「俺はこういう人間だ」と思っている人間像のことなのであって、それは現実の己れ自体とは少しく異なる点がある。俺は本当はもう少し頭がいいのだとか、私は本当は美人の要素もあるのよと、実体以上に思っているその部分を幻想我と言おう。この幻想我が現実我のうえにプラスされて自我像が出来上がっているので、人間は、不遇な目に遭っても生きていけるし、希望をもって挑戦もできる。

だが、この幻想我の部分があまり大きいと何をやっても狂うことになり、度が過ぎると自信過剰となり、大損のもとにもなる。ただ投機市場の面白いところは、この自信過剰が幸いしてトコトン儲ける人も少なくないことだ。彼が儲かるとその結果を見て、人々はこれを自信過剰と言わずに、「信念の人」と呼ぶ。自分自身もそれを幻想我の一部に取り込んでますます大ケガの種を育てていく。

ただ結果がよければよいのか。こういういきさつで出た好結果は、いわばまぐれ当たりであって、いずれ将来に必ず大損し、まぐれの儲けの何倍もが消え去ることになるというのがオチだ。市場に通じた識者は、これを「本人のための授業料」と言う。この授業料は、普通は私立大学医学部のそれよりずっと高い。この高い授業料を一度だけ払ってわかる人は少ないほうであって、たいてい本人の幻想我が登場して、「あれは偶然に生じた不遇の出来事なのさ」とか、「あいつの情報が間違っていたから、今度はあいつの言うことを聞かなければいいのだ」とかいう慰めの言葉をかけてくれるものだ。

概して、現実我に対して幻想我は心地よい。そして彼は、またノコノコと市場に行っては同じことを繰り返すどころか、今度の損はもっと大きい。何度も授業料を払うと、たいていの人は己れ自身を知ることになる。だから、この項の最初に言ったではないか。「人が株式市場で自分のやってきたことをずうっとつなぎ合わせてみると、信じようと信じまいと一つの人間像が出来上がる」と。

私は野村証券の第一線で一五年間、人様が授業料を何度も払うのを見て勉強させてもらった。これを反面教師などと言うが、武道などの稽古事で言うところの見取り稽古というものだと思ってきた。ただ困るのは、意識下に抑圧された自我というものがあって、これは普通、自分ではどうしようもないのだ。

株式市場で究極的にうまくやってのける人は、ここのところをわきまえていて、できるだけ自分の意識下の抑圧された部分を解放してやって、現実我とあまり隔たりがないようにしているようだ。投機で成功している人が必ずしも自分を知り尽くしているわけではない。しかし彼らは、自分の直感したことと異なっていれば直ちにも投機行為を撤収する行動力を身につけている。つまり、自分の砦のなかに引き返すことができるのだ。これは行動力という部類に属するものだが、これまた貴重な自我なのだ。己れを知ることなしに株式市場に走って証券マンの勧めるままに売買し、あとで証券マンを恨むのは筋違いというものだ。恨むなら「己れを知らなかった己れ自身」をこそ恨むべし。

終章

資本主義経済の最初の担い手は投機家だった

投資と投機とギャンブル

投機は経済活動に欠くべからざるものである。現実の経済活動のなかで、需要と供給がいつも均衡を保つとは限らない。否、むしろ均衡しないのが普通であるとさえ言える。もし需要のほうが供給より多いという傾向があれば、そのギャップを埋めるものは何だろうか。それが先物売りという投機なのである。逆に供給のほうが需要より多いということになれば、このギャップを埋めて円滑に取引が行なわれるようにするのが先物買いという投機である。このように、投機行為が入るから、市場における取引が円滑に進むのである。そして、この投機行為は、誰も経済を円滑に運営できるためにという意図でやるわけではない。もちろん儲けようと思ってやるのだ。投機についてケインズは言う「将来の価格の動きを、他人よりも早く見通すことによって利益を得ようとする行為である」。

建物を建てるために請負という制度が昔からある。例えば、六カ月先に五〇〇〇万円の住宅を完成させて引き渡すという契約をする。これを請負契約と言う。この請負契約を結ぶと、約束の材料の値段や工事費が六カ月内にどんなに上がろうが、どんなに下がろうが、約束の日に、約束の材料で約束通りにつくったものを完成品として引き渡すのだから、これは一種の先物取引であり、ケインズの定義によれば、立派な投機行為である。そしてケインズは「すべての生産活動は投機《スペキュレーション》である」と言い切る。さて、信仰の自由を求めて新大陸に渡った冒険者たちが大西洋を駆ったかのメイフラワー号は、ロンドンのトーマス・ウェストンという投機家が資金を募って、インディアン交易等の利益を目論んで行なった投機に基づくものだった。これがアメリカ資本主義のルーツとなった。一方、オランダの東インド会社は東洋貿易の利益にリスクをあえて取って投機した人々の組織であった。このように、資本主義経済の最初の担い手は投機家だったのだ。そして、このリスクに対する知的挑戦が数学上の統計力学を進歩させ、保険業と金融業を発展させ、株式会社法の有限責任制度に結実し、人類の文明を進化させた。

さて人々は、日常しばしば、深く考えることをせずに、軽々に「投機はよくない、投資はよい」あるいは「投機は危険で、投資は安全」などと言う。短期が投機で長期が投資だ、信用取引で買うのは投機で現物で買うのが投資だなどとも言う。よく考えもせずに言葉だけが走って日常軽々に使われているこれらの言い分は、一面的には確かに当たっている部分もあろう。だが、言葉だけで遊んでいるうちはこれでもよいが、決断と行動を伴った投資行為（あるいは投機行為）をすると、このような無思索で素朴な言葉だけの整理では全く意味のないことがわかってくる。そうした単純な整理で済ましている人々に限って、おおむね、「堅実な投資のつもり」でやったことが原因で大損したり、あるいは儲けるべきチャンスを全く見逃していたりするものだ。企業の設備投資も財務管理についても全く同じことが言える。個人の問題ならば少しもかまわないが、ことが企業の経営者となると、その無思索単純さは多くの株主、社員、取引先に波及する罪となる。設備投資でも同じことであって、チャンスを経営者が見逃していたりする無頓着さが何度もあれば、それは株主に対する背任と考えるべきだ。

すべて、こと投機・投資に限らず真剣に行動した者は、そのことについて一家言を持つに至るものである。そして、そのことが何々哲学などと言われることもある。結果だけは成功に見える独善的無教養の経営者の言動をもって何々経営哲学と言ったりすることもあるが、これは地方都市の商店街を何々銀座と称する如きものに思えてならない。本書の投機哲学考もそれに類すると思われるのは心外だから、哲学という用語を定義しておきたい。

筑波大学の丸山敏秋教授の定義が正しいと思うのでそれを採るが、「哲学とは、ものの本質に向かって、いま一歩深く突っこんで考える営みである」。営みというから動名詞である。動きである。私の学生時代は六〇年安保の当時で、よく、体制とか自由というものについて寝食を忘れて議論したものだったが、その頃私たちは「哲学する」と言った。「動名詞たる哲学」についてのこの用法はいま考えても正しかったと思う。

さて、ものの本質に向かって、いま一歩深く突っこんで考える営みをしてみるとどうなるか。すべて真剣な株式投資実践家や市場評論家は、「ギャンブルと投機と投資」について一家言持つに至るものだ。「スペキュレーション」という語源にはもともと思弁、熟考、哲学的思索、視察、探求、などの意がある。純粋に思惟だけでする認識を思弁と言うから、思弁というのは純粋哲学的思索と言ってよいだろうが、「思弁を用いない行動は決して真の投機ではなく、また思弁を要しないで必然的に余儀なくされた行動も真の投機ではない」という意味のことを言うのは福田敬太郎博士である。彼は、広義の投機概念として「投機は将来の事件に対する予見的判断に基づいてする現在の決断的行為」であると定義した（『証券学体系』第八巻、千倉書房）。この二つの言い分は私は全くそのとおり思っている者である。

三十数年前によく読まれたラルフ・マーチン著『ウォール街の魔術師』（山下竹二訳、日本経済新聞社）によれば、「投機の同義語は先見の明と希望と野心」である。実践的に投資と投機についてその本質に向かって、いま一歩深く考えたのは、ウォール街の伝説の投機家ゼラルド・ローブと、イギリスのケインズと、かく申す私であろう。

前掲書のなかで、ゼラルド・ローブは言う。「よい投資であっても、よく調査してみてよい投機でないということは決してやるべきでない」と。ケネディ大統領の父ジョセフ・P・ケネディは、大恐慌前夜一九二九年の大暴落の直前にすべてを売り抜けていたと言われ、このゆえにいろいろなことを取り沙汰されて悪評の高かった人物だが、ゼラルド・ローブは、もっと評判が悪かった。こういう男たちの一挙手一投足を観察し、一言半句を謙虚に調べると、非常に勉強になるものと私は思っている。

ローブは「私は健全な投機はいわゆるインカム投資より安全であると常々言ってきた」としている。一方ケインズは、イギリスの伝統とも言うべき実務的・実用的な考え方をした。彼は投機という言葉を「市場の心理を予測する活動」に、投資のほうは「資産の全存続期間にわたる収益を予測する活動」に充当して「将来にわたる予想収益を現在価値に割引いたもの」と定義し、これを企業そのものと言っている。投機を「市場心理の予測」、投資を「将来にわたる予想収益の還元価値」と定義する。そして別のところでは、投機とは将来の価値の変動を人より早く予測してそれを獲得しようとする行為、あるいは、一般の人が考えているより一歩だけ先の心理の変化を見抜く行為だとしている。

さらに、証券アナリストたちにかつてよく読まれた本に『証券分析』（Security Analysis）という本があり、この著者のベンジャミン・グレアム博士（一九七六年没）はこの本のなかでこう言う。「投資は十分な分析に基づいてなされるもので、その結果、元本の安全と満足すべき利益が得られることを約束されるものだ」と。なるほど、証券の価値は分析すれば必ずわかるものであり、合理的に理解されるものである。だが、それが儲かるかどうかは別の次元の問題だ。すなわち、市場心理の問題がある。また、不確実性の問題がある。ここに、投機哲学が生まれるゆえんがある。

レバレッジを使うのが投機でそれを使わないのが投資だという考え方もある。レバレッジは資金の最大効率を求めるために行なう。顧客から資金を預かったファンドマネジャー、あるいは株主から株式という形で資金を提供された企業経営者は、資金の最大効率を図るべく使命を負うであろう。ゆえに彼らはレバレッジを使うことになる。企業家は銀行からお金を借りて設備投資を行ない、将来の収入増を図ることがある。この借入金の分はレバレッジを利かしたことになるから、そうなれば企業家が借入金によって行なう設備投資はすべからく投機と言うべきか。

このように、一元的な定義や区別は、単に言葉で整理するだけであって投資と投機とを分けるものではない。私は、投資も投機も基本的に大きな差異はないと考える。要は、立ち向かう態度の差なのだ。スタンスや決意の違いなのだ。

「いまがチャンス」と「決断して」その不確かな判断に賭けて全力投入する、文字通り「機に投ずる」、これが投機である。

「いまがチャンスかどうか明らかでないがおおむねコンセンサスを得られるレンジに入っている

ことは確からしい」と「判断して」、その判断に「全力は投入しないで」「ほどほど〝適正な〟量」を投入する。これが投資である。

では、ギャンブルと投機との違いは何か。それは、それをなす人の心的態度によるというのが前著『投機学入門』における私の言い分であるが、果たしてこう言い切ってよいのか、もっと客観的な見方はできないか。こう考えてくると、次のようになる。

ギャンブルの対象はサイコロでもトランプでもよいが、投機の対象は必ず経済現象のなかにある。この範囲から言えば、投資も投機も同じである。経済現象であっても、経済取引が行なわれていなければ投資でも投機でもない。ゆえに、ただ経済現象のみを当てようとしてお金をやりとりするのはギャンブルとされる。証券取引法の第二〇一条に、有価証券市場によらないで有価証券相場の差金の授受を目的とする行為をした者はこれを一年以下の懲役または一〇〇万円以下の罰金に処する旨を定め、これは刑法一八六条の適用を妨げないとある。つまり、「経済行為を伴わないで相場の当てっこをして金品のやりとりをすること」は、「偶然の勝負によって生活に必要とする金品の賭けを行なうこと」と同じであると証取法は言うのである。投資でも投機でも将来収入の当てっこである。それが市場を通さないで（経済行為を伴わないで）行なわれると、投資でも投機でもなく賭博ということになる。イカサマなしの丁半バクチのような、完全に偶然の勝負事と同じだというのである。

資金を投ずるという行為をすることによって、その人の心境も見通しも「ただの推測行為」とは全く違ってしまうのである。市場で行為せずにただ外部にいて論評だけする者の言葉には注意を要する。要するに「ただの推測行為」と通ずるところがあるから、その者は市場心理とか消費者心理・生産者心理などもよくわかっていないところがあるかもしれない。同じ株価の当てっこで差金をやりとりしても、市場を通せばそれは株式取引であって正当なものであり、「有価証券取引市場によらないで」行なえば一年以下の懲役云々と証取法は定める。市場行為する者と行為せざる者とは別なのだ。よく巷間「私は自分の見方が片寄らないように株式売買を自ら行なうことは避けている」などとしたり顔に言うエコノミストがいるが、こんなのも割引して聞いておいたほうがよい。もし本当に彼がそうしているなら、市場行為せざる者が行為する者を評しても別世界のことだということを承知して聞いておいたほうがいい。

ケインズほか、アングロサクソン系の経済学者は自分でもカジノの果敢なプレーヤーだった人が多かった。ケインズは結果的には六〇億円儲けて残した。コロンビア大学のジム・ロジャーズ教授などは「学者は研究室を出て相場を張れ」などと言って自らファンドをつくって大いに儲けたものだ。

私は、投機と投資を分ける客観的、外形的な違いはほとんどないと考える者である。投機はやらない、投資だから安全だ、などと勝手に自分で決めるものではない。投機すなわちスペキュレーションの真の語義（哲学的思索・思弁・熟考・疑義・探求）を自分はしているか否かを考えるべきであろう。十分にスペキュレートしていれば、心理的な錯覚や数理的錯覚はかなり防げるはずだ。本書でそれを詳しく述べたつもりである。

偶然のチャンスを生かすための準備はあるか

天神さまといって、菅原道真が正座して書見している図がよく昔の本などにあった。薪を背負って歩きながら読書をしている二宮金次郎の像が、昔はどこの小学校の校庭にもあって、いま東京駅前の八重州ブックセンターの前にあるが、ああいうのは別として、普通は読書や書き物は正座して行なうか、椅子にかけて机に向かっている絵が多い。寝そべっていても本を読めるし、腹ばいに寝ていてもモノは書ける。だが型に則して想像すると、だいたいそういうときは机に向かっているように思う。

デカルトは仰向けに寝ころんでいて、天井の升目模様を這いまわるハエの動きを見ていて座標の考え方を思いついたという話がある。アルキメデスは王様に王冠の金の純度を計ることを命ぜられて、思いあぐんで風呂に飛び込んだとき浴槽の湯が溢れたのを見て物体が排除する水量と等しい分だけの浮力を受けることに気づき、そこから浮力の原理と比重を思いついたという逸話がある。湯川博士の中間子理論の発見は、ベッドのなかで思いついたという話は有名である。

ニュートンのリンゴの話や、散歩している間に寺院に敷き詰められた敷石を見て思いついたと言われるピタゴラスの定理など、いろいろな話が伝わっているが、私はそれは、たいていはあとからつくった伝説であって、まずは作り話だと思っている。着想のキッカケはハエの動きや風呂やリンゴや敷石であっても、その前に正座して読書した、あるいは机に向かって思考した膨大な時間があったに違いない。その積み重ねがあってこそ、ふとしたきっかけがヒントになるのだ。発想や発見というものはそういうものだと思う。

投機のヒラメキ、投資のヒントも同じである。市場での誤りを避けるための勉強もまた然りである。古い話だが、矢野健太郎という数学者が書いていた。彼の恩師で文化勲章を授与された高木貞治が言われたという、「矢野君、よい着想や発見は、やはり長い間、机の前に座っていないと出てこないもんだと思うよ」（朝日新聞、一九六三年一二月一日付）。そして彼は、デカルトやアルキメデスやニュートンの前述のような逸話よりもこの高木先生の言のほうを信用しているとも述べている（『新・数学むだばなし』、新潮社）。

「型にはまって、順序正しく、手順を踏んで、解法を積み上げていく」ということさえ身につけていれば、別に、ハエや風呂やリンゴのひらめきがなくとも、誰でも正しい答えを得ることができるというのが数理の考え方である。これが数理的な考え方の本質である。自分は型にはまるのはいやだ、手順は誰が決めたか知らないが気に食わないから自分流でやる、手順などどうでもいいから正解を得ればいいのだ、という人は投資に向かない。おそらくギャンブルにも向かない。投資にもギャンブルにも厳しいルールがあり、ルール内で勝つための手順があるのだ。それがいやだという人はさっさとカジノを去るに如かず。

型にはまるというのがいやなら「型に則して」と言い換えよう。手順を踏んでというのがいやなら「いとも手際よく」と言い換えよう。手際よいということは、型に則して手順を踏んだときに、現象面として他人に見えるものだ。これを英語では「expertly」と言う。これなら文句あるまい。数理的な考え方をすぐ応用して儲けようとすると、これまたよくないことになる。応用ということをしばし忘れて、型に則した基本的な数理的な考え方をするのが一番よいと思う。その

自問自答のための20の問い

1. ポーカーのテーブルにいて、カモはどいつかと見回したときに見当たらなかったら、それはあなたなのだということを自覚しているか。

2. あいつはいい奴だったと皆に言われて、カジノから手ぶらで立ち去ったことはなかったか。

3. あいつのやり方には可愛げがないよ、人間味のない奴よと皆に言われながらも、自分の取り分の札束を持ってサッサとカジノを去っていく、そんな経験が3回以上あったか。

4. 計算のための公式は覚えていなくてもいい。だが、確率論の考え方の基礎を高校時代の数学ぐらいには持っているか。

5. 医師団が「手術は成功した。が、患者は死んだ」と説明するときの患者の役になっていた覚えはないか。

6. いつも落ち着いて泰然自若としていると人に言われるが、実は偶然の運をつかまえようとして熾烈な目的意識をもって、いつもキョロキョロしているか。

7. そうでなかったら勉強不足だと自覚しているか。

8. フランス料理をご馳走になったが、よく見るとメインディッシュは自分だった（自分が食べものにされていた）ということはなかったか。

9. ゲームは経済学の教室や会社の会議室で行なわれていると勘違いしていないか。ゲームはジャングルで行なわれているのだということを承知しているか。

10. 「株式投資の先輩」から「君の投資方針は実にまっとうなやり方だ。健全だ」と言われて、いつまでたっても少しも儲からないという経験はなかったか。

11. そんな経験が一度でもあれば、あなたは、生物学の分類上で言えば、霊長類ヒト科バカ亜科に属するということを知っているか。

12. 森にあんまり近づきすぎて木が見えなくなっていないか。

13. つむじ風の真ん中にいる奴ほど風がわからなくなるものだということを知っているか。

14. 額に汗して稼いだ金と株式市場で稼いだ金とは、札束の厚さが同じならば交換価値は同じなのだということを知っているか。いずれが貴いということはないのだ、同じなのだと知っているか。

15. お金は不安と心配の大きな原因になる。だが自由を得るための手段となり自由でいられるための手段にもなる、ということをはっきり自覚しているか。

16. 東証一部上場株だけで、いま400兆円ある、ということは誰が持ち去っても自由な札束が4000キロメートルの高さに積まれているのだということを知っているか。

17. いま、ささやかにその100万分の1を、自分の取り分として持ってきてもバチは当たるまい、とはっきり自覚しているか。（ちなみに、それは4億円だが）

18. 市場で儲けて見せなければ、ゲームが終わったあとでどんな立派な後講釈を述べてもサマにならないのだ。つまり、ジャングルで勝たない限りは颯爽としていられる道はないのだ、ということを知っているか。

19. 腹いっぱい肉を食いたいとき、リスを狩りにいくか。

20. 実に首尾一貫した見識をお持ちのほうだと皆に言われるが、株式市場で損ばかりしているという経験がないか。

プロセスを通した者のみが投資に応用が利くようになるのだ。再び、「損しないための教訓は、暴落の渦中で体験学習するよりも本書から学ぶに如かず」である。私は本書で、型に則した、手順を踏んだ考え方が大切だといって、その例を示したと思う。

エジソン曰く、「発明は一％のインスピレーションと九九％のパースピレーション（発汗）である」。またパスツール曰く、「偶然の発見は（日常に）よく準備した者にのみ訪れる」。これを読み替えて、私は「株式市場の幸運は常日頃の心構えを堅持した者にのみ訪れる」としたい。

さて、私たちはひらめきを呼ぶための理論の積み上げをしてきたか。偶然のチャンスを生かすための準備はあるか。これこそ投資家の自問自答の第一歩であろうと考える。

参考文献（書名五十音順）

本文中に引用した文献等は引用箇所にそれぞれ記載した。

『悪の哲学』、中野好夫、坂口安吾他著、筑摩書房、一九九〇年
『ＥＱ』、ダニエル・ゴールマン著、土屋京子訳、講談社、一九九六年
『ウォール街の内幕』、フランク・コミアー著、坂野幹夫訳、東洋経済新報社、一九六三年
『裏商法騙しの手口』、日名子暁著、かんき出版、一九九五年
『影響力の武器』、ロバート・チャルディーニ著、社会行動研究会訳、誠信書房、一九九一年
『お金とひとの物語』、タッド・コロフォード著、鈴木主税訳、時事通信社、一九九七年
『科学を名のった嘘と間違い』、市場泰男訳編、社会思想社、一九七五年
『賢いはずのあなたがなぜお金で失敗するのか』、トーマス・ギロヴィッチ他著、鬼澤忍訳、日本経済新聞社、二〇〇〇年
『カネの企み』、名東孝二編著、中央経済社、一九九五年
『株式市場の科学』、山下竹二著、中央公論社、一九九三年
『株で富を築くバフェットの法則』、ロバート・ハグストローム Jr著、三原淳雄／土屋安衛訳、ダイヤモンド社、一九九五年
『兜町の懲りない面々』、東京タイムズ取材班著、ＫＫベストブック、一九八八年

『兜町の四十年』、細金正人著、中央公論社、一九九〇年
『金融イソップ物語』、ジョン・トレイン著、坐古義之訳、日本経済新聞社、一九八七年
『金融工学とは何か――「リスク」から考える』、刈屋武昭著、岩波書店、二〇〇〇年
『金融工学の挑戦』、今野浩著、中央公論社、二〇〇〇年
『虚業の研究』、岩田啓子著、日本経済新聞社、一九八七年
『グランビルの投資戦略早わかり』、川合正治著、ダイヤモンド社、一九八六年
『簡単にだまされる人々』、小田晋著、日本実業出版社、一九九八年
『勘入門』、福島秀夫著、青春出版社、一九六三年
『偶然・偶然・偶然』、ラストリーギン著、小林茂樹訳、東京図書、一九七二年
『偶然の数学』、武隈良一著、河出書房、一九六五年
『経済学のためのゲーム理論入門』、R・ギボンズ著、福岡正夫／須田伸一訳、創文社、一九九五年
『経済思想の巨人たち』、竹内請雄著、新潮社、一九九七年
『経済犯罪』、藤木英雄著、日本経済新聞社、一九九六年
『経済倫理学のすすめ』、竹内靖雄著、中央公論社、一九八九年
『ケインズ』、福岡正夫著、東洋経済新報社、一九九七年
『ケインズ先生の株式相場学』、坂田信太郎著、東洋経済新報社、一九七九年
『三猿金泉秘録考』、加田泰著、ＰＨＰ研究所、一九八二年

『思想としての近代経済学』、森嶋通夫著、岩波文庫、一九九四年
『嫉妬の時代』、岸田秀著、文芸春秋社、一九九三年
『失敗の本質』、野中郁次郎、戸部良一他著、ダイヤモンド社、一九八五年
『失敗のメカニズム』、芳賀繁著、日本出版サービス、二〇〇〇年
『森林の思想、砂漠の思想』、鈴木秀夫著、NHKブックス、一九九三年
『水面下の経済戦争』、E・シュミット・エンボーム他著、畔上司訳、文芸春秋社、一九九五年
『数理と発想』、草場公邦著、創拓社、一九七八年
『正義と嫉妬の経済学』、竹内靖雄著、講談社、一九九二年
『世界の賭けごと』、倉蔵貞助著、東洋経済新報社、一九五七年
『相場と精神』、佐々木英信著、投資日報社、一九九七年
『相場に奇策なし』、林どりあん著、日本経済新聞社、一九九四年
『だましの奥義』、華原良輔著、青春出版、一九六八年
『騙しの手口』、日名子暁著、かんき出版、一九九五年
『騙す人、騙される人』、取違孝昭著、新潮社、一九九五年
『地下経済の研究』、リップ・ヴァン・ウィンクル、日経ビジネス編、日本経済新聞社、一九八二年
『追跡・M資金』、安田雅企著、三一書房、一九九五年
『哲学と科学』、澤瀉久敬著、NHKブックス、一九六七年

『日本人の行動文法』、竹内靖雄著、東洋経済新報社、一九九五年
『日本人を動かすもの　無私・気と集団エクスタシー』、中村菊男著、日本教文社、一九七三年
『人間における倒産の研究』、諸井薫編著、日本実業出版社、一九九四年
『犯罪手口の研究』、守屋恒浩著、立花書房、一九七七年
『犯罪心理学入門』、福島章著、中央公論社、一九八五年
『ヒトはなぜだまされるのか』、木原武一著、リクルート出版、一九八七年
『ピーター・リンチのすばらしき株式投資』、ピーター・リンチ／ジョン・ロスチャイルド著、三原淳雄／土屋安衛訳、ダイヤモンド社、一九九六年
『フーヴァー長官のファイル』、カート・ジェントリー著、吉田利子訳、文芸春秋社、一九九四年
『不確定性原理―運命への挑戦』、都築卓司著、講談社、一九七〇年
『「複雑系」とは何か』、吉永良正著、講談社、一九九六年
『ベッカー教授の経済学ではこう考える』、ゲーリー・ベッカー著、鞍谷雅敏／岡田滋行訳、東洋経済新報社、一九九八年
『ぺてん師列伝』、種村季弘著、青土社、一九八三年
『マネーロンダリング』、ジェフェリー・ロビンソン著、平野和子訳、三田出版、一九九六年
『満場一致と多数決』、利光三津夫著、日本経済新聞社、一九八〇年
『リスク―神々への反逆』、ピーター・バーンスタイン著、青山護訳、日本経済新聞社、一九九

八年
『錬金術』、セルジュ・ユタン著、有田忠郎訳、白水社、一九七八年
『錬金術』、吉田光邦著、中公新書、一九七二年

著者紹介

山崎　和邦（やまざき・かずくに）

1937年シンガポール生まれ、長野県育ち。61年慶応義塾大学経済学部卒業。同年野村証券入社。74年支店長。83年三井ホーム取締役。90年常務。97年顧問兼三井ホームエステート㈱副社長。2000年同社顧問。駒澤大学講師。ウォールストリートクラブ日本代表。景気循環学会、日本経済学会、日本経営教育学会各会員。主な著書に『景気循環論に関する一考察』（中央公論事業出版）、『景気の見方、表の論理・裏の論理』（経営道フォーラム）、『投機学入門』（ダイヤモンド社）などがある。

あなたはなぜ株で儲けられないのか
市場と株式投資の人間学

2001年2月22日　初版発行

著者／山崎和邦

装丁／勝木雄二
印刷／松濤印刷
製本／山田製本印刷

発行所／ダイヤモンド社
〒150-8409　東京都渋谷区神宮前6-12-17
http://www.diamond.co.jp/
電話／03·5778·7233(編集)　0120·700·168(受注センター)

ISBN 4-478-63069-0